STEFAN FEDERBUSCH

# Nachhaltig wirtschaften – gerecht teilen

Franziskanische Akzente
Für ein gottverbundenes und engagiertes Leben
Herausgegeben von Mirjam Schambeck sf und
Helmut Schlegel ofm
Band 8

Die Suche der Menschen nach Sinn und Glück ernst nehmen und Impulse geben für ein geistliches, schöpfungsfreundliches und sozial engagiertes Leben – das ist das Anliegen der Reihe „*Franziskanische Akzente*".

In ihr zeigen Autorinnen und Autoren, wie Leben heute gelingen kann. Auf der Basis des Evangeliums und mit Blick auf die Fragen der Gegenwart legen sie Wert auf die typisch franziskanischen Akzente:

Achtung der Menschenwürde,
Bewahrung der Schöpfung,
Reform der Kirche und
gerechte Strukturen in der Gesellschaft.

In lebensnaher und zeitgerechter Sprache geben sie auf Fragen von heute ehrliche Antworten und sprechen darin Gläubige wie Andersdenkende, Skeptiker wie Fragende an.

STEFAN FEDERBUSCH

# Nachhaltig wirtschaften – gerecht teilen

echter

Herzlicher Dank geht an Clemens Wagner für die fachkundige und äußerst versierte Unterstützung bei den Korrekturarbeiten sowie an die Ordensgemeinschaft der Armen Franziskanerinnen von der Heiligen Familie zu Mallersdorf für die finanzielle Unterstützung.

Bibliografische Information der Deutschen Nationalbibliothek
Die Deutsche Nationalbibliothek verzeichnet diese Publikation in der Deutschen Nationalbibliografie; detaillierte bibliografische Daten sind im Internet über ‹http://dnb.d-nb.de› abrufbar.


www.echter-verlag.de
Umschlag: wunderlichundweigand.de
(Foto: © Pawel Uchorcak/shutterstock.com)
Satz: Hain-Team (www.hain-team.de)
Druck und Bindung: Druckerei Friedrich Pustet, Regensburg
ISBN
978-3-429-03782-6 (Print)
978-3-429-04792-4 (PDF)
978-3-429-06208-8 (ePub)

# Inhalt

# Vorwort

„Von Wirtschaft habe ich keine Ahnung“, lautet der häufige Einwand, wenn es um ein Urteil zu unserer derzeitigen Wirtschaftsform geht. In der Tat: Ökonomie ist ein komplexes Gebilde. Sie ist Teil des Systems Kapitalismus. Jede und jeder profitiert in unterschiedlichem Maße von seinen Vorzügen und leidet unter seinen negativen Folgen. Da mittlerweile alle Bereiche unseres Lebens ökonomischen Interessen unterliegen, ist es angebracht, sich mit diesem System kritisch auseinanderzusetzen. „Diese Wirtschaft tötet“, so hat es Papst Franziskus auf den Punkt gebracht. Einem System, das Tote produziert, kann ich nicht gleichgültig gegenüberstehen. Auch als Nichtfachmann bzw. Nichtfachfrau bin ich herausgefordert, mich kritisch mit seinen Auswirkungen auseinanderzusetzen.

Der vorliegende Band beleuchtet das System Kapitalismus aus christlich-franziskanischer Perspektive. Als Christ habe ich biblische Leitmotive, die sich aus den prophetischen Mahnungen und jesuanischen Weisungen ergeben. Sie zeigen auf, dass die kapitalistischen Leitmotive in krassem Widerspruch zur göttlichen Botschaft stehen. Als Kirchen und Ordensgemeinschaften sind wir in das kapitalistische Wirtschaftssystem verstrickt und tragen es zu großen Teilen mit. Es geht um einen Bewusstseinswandel in unserem Fühlen, Denken und Handeln, der sich an der biblischen Botschaft orientiert. Erst eine Umkehr, ein anderes Denken im Sinne eines solchen Bewusstseinswandels ermöglicht die Sensibilität, aus einem solchen System des

Todes auszusteigen und ein alternatives System des Lebens zu gestalten. Wie dieses konkret aussieht, lässt sich bisher nur erahnen. Es bedarf erster Schritte im Sinne eines Experimentierens und Ausprobierens – hin zu einer solidarischen Ökonomie, die in Gerechtigkeit dem Leben aller dient.

# 1. Ein gutes Leben

## Aufgabe der Wirtschaft

Jeder Mensch sehnt sich nach einem „guten Leben“, das seine persönlichen Bedürfnisse befriedigt. Dazu zählen nach Abraham Maslow (1908–1970) physiologische Bedürfnisse wie Nahrung und Kleidung, das Bedürfnis nach Sicherheit in Form von Wohnung und Arbeitsplatz, soziale Bedürfnisse mit den Beziehungsfeldern Freundeskreis, Partnerschaft und Familie, das Wertschätzungsbedürfnis mit den Aspekten Anerkennung, Status, Prestige, Macht sowie das Bedürfnis nach Selbstverwirklichung, zu dem Individualität, Selbstentfaltung, Freiheit und spirituelles Leben gehören. Aufgabe der Wirtschaft ist es, die materielle Grundlage des menschlichen Lebens zu sichern, so dass auch andere Bedürfnisse wie das nach Selbstverwirklichung gelebt werden können. Aufgabe der Menschen ist es, das Wirtschaftssystem so zu gestalten, dass es ihren Bedürfnissen entspricht. Derzeit ist es eher umgekehrt, dass das Wirtschaftssystem die Menschen und ihre Lebensweisen bestimmt.

## Leben auf Kosten anderer

Unsere Wirtschaftsform ist eingebunden in das kapitalistische System. Kennzeichen dieses Systems ist, dass die Beteiligten in höchst unterschiedlicher Weise Zugang zu den Produktions- und Finanzmitteln haben. Das kapitalistische System ist geprägt vom „immer mehr", vom „immer größer", „immer höher", „immer weiter". Es ist Ausdruck des menschlichen Strebens nach Besitz und Reichtum und des damit vermeintlich verbundenen Lebensgenusses. Die kapitalistischen „Verheißungen" haben sich in die Herzen und Köpfe von Milliarden von Menschen eingeprägt. Die eingeschliffenen Gefühls-, Denk- und Handlungsgewohnheiten verstellen den kritischen Blick auf das derzeitige wirtschaftliche System mit seinen negativen Folgen. Bestimmte Gesetzmäßigkeiten werden quasi als „Naturgesetz" hingenommen und nicht mehr hinterfragt. Dazu zählt die Tatsache, dass unser Lebensstandard das Ergebnis zerstörerischer Ausbeutung natürlicher und menschlicher Ressourcen ist. Unser Wohlstand basiert in Teilen auf eigener Tüchtigkeit, im Wesentlichen aber auf der Ausbeutung von Lebensgrundlagen und Mitmenschen. Die negativen Folgewirkungen sind hinreichend bekannt, reichen aber nicht aus, um auf vernunftlogischer Ebene zu grundlegenden Veränderungen zu führen.

## Zweifel am Wachstumsparadigma

Wie das Ende des real-existierenden Sozialismus gezeigt hat, kann jedes System nur dann auf Dauer bestehen, wenn es von der Mehrheit der Bevölkerung getragen wird. Die gesellschaftliche und wirtschaftliche Ordnung kann nur dann Bestand haben, wenn sich die Menschen in ihr wohlfühlen, sich einbringen und sie gestalten. Bisher hat es der Sozialstaat Deutschland verstanden, das Bewusstsein zu verbreiten, in einigermaßen gerechten Verhältnissen zu leben, wenngleich zwei Drittel der Deutschen die derzeitigen Einkommens- und Vermögensverhältnisse als ungerecht empfinden. Noch ist die soziale Exklusion in Deutschland ein vergleichsweise marginales Phänomen. In der Bundesrepublik hat die Wohlstandsvermehrung der letzten Jahrzehnte dazu beigetragen, dass der Kapitalismus (in Form der Sozialen Marktwirtschaft) als alternativlos wahrgenommen wird. Dass das kapitalistische System auf Dauer die eigenen Lebensgrundlagen zerstört, wird dabei bewusst oder unbewusst ausgeblendet.

Die bisherige Gleichung Wachstum = Wohlstand = Zufriedenheit geht jedoch nicht mehr auf. Das „Immer-mehr-Habenwollen" und die Fixierung auf Wachstum werden kritisch in Frage gestellt. Unzufriedenheit macht sich breit, denn der Preis für den derzeitigen Wohlstand ist hoch. Die Symptome der Selbstschädigung sind zahlreich: Ängste, Depressionen, Burn-out, vielfältige Formen von psychischen Erkrankungen und sozialen Probleme haben zugenommen. Für viele haben sich die Arbeitsbedingungen in den letzten Jahren eher verschlechtert (prekäre Beschäftigungsverhältnisse, Minijobs, Leiharbeit), die Arbeitszeit hat sich nicht reduziert. Es fehlt an einer gerechten Verteilung von Arbeit und Einkommen. Sowohl ein Zuviel als auch ein Zuwenig machen auf Dauer krank. Aus der Glücksforschung ist bekannt, dass ab einer bestimmten Stufe der Befriedigung der Bedürfnisse ein weiteres Anhäufen von Geld nicht zur Steigerung des Glücks beiträgt. Vielmehr sind es gelingende Beziehungen, sowohl im persönlichen wie im sozialen und ökologischen Bereich. Der Better-Life-Index der Organisation für wirtschaftliche Zusammenarbeit und Entwicklung

(OECD) belegt: Beziehungen (Familie, Freundschaft), Bildung und Gesundheit stehen ganz oben.

Nicht zuletzt bedingt durch die Finanz- und Wirtschaftskrise von 2008 ist ein gewisses Umdenken zu spüren. Laut einer Umfrage im Auftrag der Bertelsmann-Stiftung von 2012 wünschen sich acht von zehn Bundesbürgern „eine neue Wirtschaftsordnung“. Zwei Drittel der Befragten glauben nicht, dass der Kapitalismus für einen „sozialen Ausgleich in der Gesellschaft“, den „Schutz der Umwelt“ oder einen „sorgfältigen Umgang mit den Ressourcen“ sorge. Ebenso viele bezweifeln, dass Wirtschaftswachstum die eigene Lebensqualität erhöhe.

## Menschenbild und Wirtschaftssystem

Die Frage nach dem Wirtschaftssystem beinhaltet die Sichtweise auf den Menschen. Handelt es sich um ein egoistisches Wesen, das von sich aus nur auf Eigennutz aus ist, oder handelt es sich um ein gemeinschaftliches Wesen, das solidarisch handelt? Das christliche Menschenbild zeichnet ein realistisches Bild vom Menschen. Er ist weder per se gut noch per se schlecht. Er hat sowohl egoistische wie solidarische Seiten. Neuere Forschungen bestätigen immer wieder, dass wir Menschen auf Beziehung angelegte Wesen sind. Weitaus mehr als Egoismus bestimmt Kooperation, verbunden mit gegenseitiger Wertschätzung, unser Wohlergehen. Solidarische Wirtschaftsmodelle bauen auf dieser Erkenntnis auf.

Das kapitalistische Wirtschaftssystem fördert dagegen durch seinen Konkurrenzkampf rücksichtslose Verhaltensweisen und ausbeuterische Muster. Es belohnt zwar einerseits Kreativität und Innovation durch Erfolg am Markt, beispielsweise durch neue Produkte, andererseits produziert es völlig unsoziale Verhaltensweisen, wie Arbeitsplatzabbau, um Kurssteigerungen herbeizuführen. Im Blick sind nicht die Arbeitenden im eigenen Betrieb, sondern die Spekulanten der Finanzmärkte. Vorrang hat das Kapital, nicht der Mensch. Im globalen Wettbewerb zählen möglichst hohe Renditen und Gewinne, nicht aber der Schutz der Umwelt. Das kapitalistische Wirtschaftssystem birgt in sich Mechanismen, die einem ökologisch und sozial ausgerichteten Wirtschaftsleben widersprechen. Es fördert in weiten Teilen Strukturen, denen es an Gerechtigkeit im Sinne von Nachhaltigkeit fehlt. Es fördert menschliche Haltungen, die einem solidarischen Handeln zum Wohle aller entgegenstehen.

## Balance von Freiheit und Gleichheit

Die kapitalistische Wirtschaftsordnung führt mit ihrer Überbetonung der Freiheit zu egoistischen Verhaltensweisen, die sowohl die soziale Gerechtigkeit als auch das ökologische Gleichgewicht gefährden. Das Gegenmodell, der real-existierende Sozialismus, schlug fehl, da er die persönliche Freiheit zugunsten einer verordneten Gleichheit komplett eliminierte. Es geht also darum, aus beiden Fehlerquellen zu lernen und eine Wirtschaftsordnung aufzubauen, in der individuelle Freiheit mit sozialer Gerechtigkeit und nachhaltiger Wirtschaft in einer guten Balance steht. Inwieweit eine solche lenkende Impulse des Staates braucht, ist auszutarieren. Die soziale Marktwirtschaft weist entsprechende Elemente auf, beruht aber letztlich auf der kapitalistischen Wirtschaftsweise, d. h. einem auf stetiges Wachstum ausgerichteten Modell, das global gesehen weder sozial gerecht noch ökologisch akzeptabel ist.

## Kriterium Nachhaltigkeit

Ein alternatives Wirtschaftsmodell muss das zentrale Kriterium der Nachhaltigkeit erfüllen. Der Begriff wurde 1987 in der sogenannten Brundtland-Kommission definiert: „Nachhaltige Entwicklung ist eine Entwicklung, welche die Bedürfnisse der Gegenwart befriedigt, ohne zu riskieren, dass künftige Generationen ihre eigenen Bedürfnisse nicht befriedigen können." Nachhaltigkeit setzt sich im heutigen Verständnis aus den drei Faktoren Ökologie, Ökonomie und soziale Gerechtigkeit zusammen. Die drei Faktoren stehen in einem Wechselspiel und sind in ein tragfähiges Gleichgewicht zu bringen. Die Frage der Nachhaltigkeit ist eine Frage der intra- und der intergenerationalen Gerechtigkeit: Wie können sowohl die Bedürfnisse der derzeit lebenden Menschen als auch der nachfolgenden Generationen gesichert werden? Es ist eine Frage der sozialen Gerechtigkeit: Wie kann eine Wirtschaft gestaltet sein, in der die Schere zwischen Arm und Reich nicht immer weiter auseinanderklafft? Es ist eine Frage der ökologischen Gerechtigkeit: Wie kann die Balance zwischen der Bedürfnisbefriedigung einer immer größeren Weltbevölkerung und dem Schutz der Schöpfung gelingen?

Daraus ergibt sich die Frage nach einem alternativen Wirtschaftssystem. Welches Wirtschaftssystem ist am besten in der Lage, einen Lebens- und Wirtschaftsstil zu gewährleisten, der gleichermaßen ökologische Zukunftsfähigkeit wie globale soziale Gerechtigkeit ermöglicht? Die einen werden sagen, wir behalten unser altes System bei, weil sie es für das beste halten und von ihm profitieren, die anderen, wir brauchen eine Reform innerhalb des Systems, die dritten, wir brauchen ein völlig neues System.

Bisher zeichnet sich kein umfassendes Wirtschaftssystem ab, das alle Kriterien der Nachhaltigkeit erfüllt und an die Stelle des kapitalistischen Systems treten kann. Es entwickeln sich unterschiedliche Ansätze, die in die Richtung eines solidarischen Wirtschaftssystems gehen und in diesem Buch zumindest ansatzweise vorgestellt werden.

## Auftrag der Kirchen und Orden

Der Auftrag der Kirchen und Ordensgemeinschaften liegt darin, das bestehende Wirtschaftssystem im Sinne einer prophetischen Kritik in Frage zu stellen, nach Alternativen zu suchen und diese *ad experimentum* vorzuleben. Ordensleben ist vom Ansatz her ein alternatives und in gewissem Sinn auch subversives Leben. Es stellt mit seinen Werten und Lebensformen die kapitalistische Wirtschaftsweise grundsätzlich in Frage. Durch ihren Freiraum können Ordenschristen prophetisch wirken und Veränderungsprozesse anmahnen. So weit die Theorie. Die Praxis sieht oft anders aus. Die Kirchen wie auch die Ordensgemeinschaften sind in das kapitalistische System und sein Geldwesen verstrickt. Zu einem nicht unwesentlichen Teil leben sie von Kapitaleinkünften, die im Widerspruch zu ihren eigenen sozial-ethischen Grundsätzen stehen. Die Frage des Geldes und des Kapitals als Schlüsselproblem der

Wirtschaftsethik ist für die Kirche und ihren theologischen Diskurs von großer Bedeutung. Alle Bemühungen um Gerechtigkeit, Frieden und Bewahrung der Schöpfung berühren die Notwendigkeit einer grundlegenden nationalen wie internationalen Geldordnung. Im Vaterunser beten alle Christen regelmäßig „… und vergib uns unsere Schuld, wie auch wir vergeben unseren Schuldnern“. Die Frage ist, ob wir als Profiteure des Systems diese Bitte lediglich spiritualisieren oder ob wir dazu auch im materiellen Sinn wirklich bereit sind. Im Sinne des Dreischritts „Sehen – Urteilen – Handeln“ geht es um eine klare Analyse und Beurteilung der Situation, aber entscheidender noch um die Befähigung zur Umkehr, die Schritte hin zu Veränderungsprozessen in Richtung einer solidarischen Ökonomie ermöglicht. „Wenn das Einschwenken auf einen sozialökologischen, demokratischen Postwachstumspfad gelingen soll, dann darf das ‚gute‘, ökologische und solidarische Leben nicht als Privatangelegenheit begriffen werden, sondern als gesellschaftspolitische Aufgabe und politischer Prozess“ (Sabine Leidig). Für diese gesellschaftspolitische Aufgabe und diesen politischen Prozess stellen die folgenden Überlegungen franziskanische Bausteine bereit.

# 2. Geld regiert die Welt

## Geld und seine Wirkung

Jeder hat es. Jeder nutzt es. Eines der alltäglichsten Dinge, mit denen jeder Mensch zu tun hat, ist das Geld. Sei es in Form von Münzen oder Scheinen, sei es in Form eines Plastikkärtchens für den bargeldlosen Zahlungsverkehr. Kaum etwas löst in uns Menschen so widersprüchliche Gefühle aus wie das Geld. Als alltägliches Zahlungsmittel wird es zunächst neutral bewertet. Als Mittel des Wohlstandes und des Konsumierens wird es wohlwollend wahrgenommen. Als Symbol für die Schwäche des Menschen und für unser kapitalistisches Wirtschaftssystem kann es jedoch auch kritisch betrachtet werden. Denn „Geld regiert die Welt" ist eine Binsenweisheit: Wer über Geld verfügt, verfügt zugleich über Macht und Einfluss. Wer genug verdient, kann sich etwas leisten und ist unabhängiger und selbstbestimmter als jemand, der sich ständig um seinen Lebensunterhalt sorgen muss.

### *Funktionen des Geldes*

Die Verwendungsarten des Geldes sind das Schenken, das Leihen (mit oder ohne Zins) und das Kaufen. Geld ist zum einen Tauschmittel und Wertmesser, zum anderen „Schatzmittel". Darin liegt die Problematik, dass Geld diese unterschiedlichen Aufgaben hat, die nicht gleichzeitig zu erfüllen sind. Die Funktion als rotierendes Tauschmittel kann Geld nur erfüllen, wenn es fließt, die Funktion als Wertaufbewahrungsmittel nur, wenn es ruht. Dient Geld als Schatzmittel, wird es gehortet. Um einen Anreiz zu bieten, es wieder in Umlauf zu bringen und damit den anderen originären Funktionen zuzuführen, bedarf es der Inflation – das Geld verliert an Wert – und des Zinses – das geliehene Geld vermehrt sich durch einen festgelegten Zinssatz. Inflation untergräbt jedoch die Wertmesserfunktion und Zins führt zu einer Umverteilung von Arm zu Reich.

### *Geld als Beziehungsgestalter*

In traditionellen Gesellschaften war der Tausch in feste Rituale eingebunden. Er hatte eine soziale Funktion. Gabe und entsprechende Gegengabe verhinderten – idealtypisch dargestellt – aus sich heraus jede Akkumulation (Anhäufung). Geld als versachlichendes Ding und vertagende Zwischeninstanz beim Tausch zerstört dieses Gleichgewicht einer symmetrischen Beziehung. Beim Kauf interessiert in der Regel das persönliche Schicksal von Käufer und Verkäufer wenig bis gar nicht. Bei diesem anonymen Austauschmechanismus entstehen keine personalen Verpflichtungen. Zwar kommunizieren beide Partner über das Geld miteinander, doch führt die Ent-Personalisierung dieses Vorgangs auch zu einer Ent-Moralisierung und somit Entkoppelung von Ökonomie und Moral. Durch die Auflösung personaler Abhängigkeit bedeutet dies einerseits einen individuellen Freiheitsgewinn mit der Vermehrung von Teilhabechancen, Wahlmöglichkeiten und persönlicher Autonomie, andererseits eine neue, eher abstrakte Abhängigkeit des Einzelnen vom Funktionieren gesellschaftlicher Zusammenhänge. Der Geldgebrauch führt zu „berechnendem“ Verhalten, um eigene Interessen möglichst vorteilhaft durchzusetzen. Geldbesitz führt somit zu einer asymmetrischen Beziehung.

### *Jokervorteil Geld*

Da Geld als Zahlungsmittel allgemein anerkannt ist, hat der Geldbesitzer einen „Jokervorteil“ (Dieter Suhr). Er kann es zurückhalten und in diesem Sinne Zeit zu Geld machen, indem er anderen seine Konditionen vorschreibt, beispielsweise es gegen Zinsen in den Markt einzubringen. Geld verweist über die realen Güter und über sich hinaus. Geld verleiht „Vermögen“: Geld verschafft über äußere Güter Prestige („Geldadel“) und Geld hat die Macht auszuschließen. Geldlosigkeit erzeugt dagegen Angst und Unsicherheit. „Geldgier“ ist somit nicht nur ein subjektives, moralisch fragwürdiges Phänomen einzelner Individuen, sondern im Marktgeschehen selbst begründet. Geld anzuhäufen verringert die Gefahr, vom Markt ausgeschlossen zu werden. Anders als in einer gemeinschaftlichen (Selbst-)Versorgungswirtschaft birgt das Medium Geld in sich den Hang und Drang zu Ichbezogenheit und Konkurrenzverhalten. Mehr Geld bedeutet mehr Kontrolle. Aus Kooperation wird Kalkulation. Alles wird zur Ware und bekommt einen Preis. Geld als Ware in Kombination mit Privateigentum führt zu Individualisierung und zu einer mehr oder weniger tiefen Spaltung der Gesellschaft.

So „neutral“ Geld auf den ersten Blick erscheint, so sehr hat es psychologische und symbolische Bedeutung. Georg Simmel spricht in seiner „Philosophie des Geldes“ davon, dass Geld der „fürchterlichste Formzerstörer“ sei, der alle ihm im Wege stehenden Beziehungsmuster, Institutionen, Denk-, Anschauungs- und Handlungsweisen transformiere. Geld sei nicht nur neutrales Mittel, sondern eine scheinbar autonom wirkende (auch den Menschen) verändernde Kraft. Wenn die Wirtschaft nicht mehr für den Menschen da ist, sondern der Mensch für die Wirtschaft, führt dies mit Erich Fromm zu einem „Marketing-Charakter“. Der Mensch wird als Produktionsfaktor selbst zur Ware. Er muss sich inszenieren und präsentieren, um am Marktgeschehen teilhaben zu können. Dazu zählen geldkonforme Persönlichkeitseigenschaften wie Flexibilität / Anpassungsbereitschaft, Ungebundenheit / Mobilität und Durchsetzungsvermögen. Die Umwelt wird primär unter dem Gesichtspunkt des eigenen Nutzens, Vorteils und Erfolgs wahrgenommen, der andere Mensch als Gradmesser, an dem die eigenen inneren Verhaltensweisen und Einstellungen ausgerichtet werden. Was zählt, ist „anzukommen“, attraktiv zu sein, sich gut zu „verkaufen“. Getreu dem „Konsumparadigma“ werden der Besitz und der Gebrauch von Konsumgütern zur Grundlage der Selbstinszenierung und zur Eintrittskarte in soziale Netzwerke. Geld dient der Angstabwehr. „In einer konsumkapitalistischen Ökonomie, die verspricht, für jeden Wunsch und jedes Bedürfnis das passende käufliche Angebot bereitzuhalten, erscheint Geld als der Generalschlüssel zur Schatzkammer, der jedoch die unterschiedlichsten subjektiven Bedeutungen annehmen kann … Der Angst vor Leblosigkeit etwa entspricht der Wunsch nach der Erfahrung von Vitalität und zu dessen Befriedigung gibt es die passenden Erlebnisangebote, gegen die Angst vor Hilflosigkeit und den ihr entsprechenden Wunsch nach ‚Sicherheit' gibt es Versicherungen, Sicherheitsdienste, die Angst vor Gleichgültigkeit und Nichtbeachtung erzeugt den Wunsch nach Liebe und auch hier lässt sich zumindest Zuwendung und Interesse erwerben, die Angst vor Abhängigkeit erzeugt den Wunsch nach Selbständigkeit, und Geld scheint das geeignete Mittel zu sein, sich freikaufen zu können; Versagensängste lassen sich durch den Service von Erfolgstrainern und Therapeuten bekämpfen, und schließlich kann Geld Macht bedeuten und somit der Bekämpfung von Unterwerfungsängsten dienen"[1] (Andreas Hirsefeld).

### *Kapital*

Die beschriebene Problematik des Geldes lässt sich ebenso aufzeigen für den Bereich des Kapitals. Kapital meint das Vermögen insgesamt und geht über den Geldbesitz hinaus. Lässt sich Geld als geronnene und gespeicherte Arbeit betrachten, so Kapital als geronnenes Geld. „Kapital ist eine Speicherungsform von Vermögen, es hat den Charakter der Akkumulation von Kraft, Arbeit und materiellen Gütern." Kapital hat nach Ulrich Hemel neun Charakteristika: Sozialität (sozialer und politischer Charakter), Temporalität (zeitlicher und historischer Charakter), Instrumentalität (Werkzeugcharakter), Ambivalenz (Zweischneidigkeit), Potenzialität (Wirkmöglichkeit), Illusorik (Scheincharakter), Steigerung (Wachstumsimperativ), Risiko (Wagnischarakter) und Symbolik (Symbolcharakter).[2] Seine These zur kapitalistischen Wirtschaftsform lautet: „Die grundlegende kapitalistische Transaktion ist der Tausch von Geld gegen Träume." Es lässt sich gegen etwas anderes eintauschen, sei es etwas Materielles, sei es etwas Ideelles wie Geltung gegen Geld. Kapital wird zum sozialen Zugangscode für Luxusgüter und für Prestige. Es wird zur Projektionsfläche, die aber nur dann zum Lebensglück beiträgt, wenn eine sinnstiftende Lebensbegabung hinzukommt. Als kapitalistisches Paradox verschwindet das Kapital zunächst einmal im Tauschvorgang, kann aber dazu dienen, neues Kapital hervorzubringen. Kapital ist dann Geld, das ständig neu investiert wird, um sich zu vermehren, also Geld, das der Vermehrung von Geld dient. Es kommt zur Akkumulation, zur Anhäufung von Kapital. Dieses wird reinvestiert, um weiteres Kapital zu akkumulieren. „Kapital ist gieriges, ständig auf Akkumulation drängendes Geld oder in Geld gemessenes Vermögen, Gewinn, der unersättlich nach mehr Gewinn dürstet. Darum ist der Begriff Kapitalismus für das Wirtschafts- und Gesellschaftssystem der Moderne präzise und völlig angemessen"[3] (Ulrich Duchrow).

Das Wesen des Kapitals, sein Drang zur permanenten Vermehrung, birgt in sich den problematischen Zwang zum Wachstum. Bedingt durch diese Zielsetzung ergibt sich eine Veränderung der Aufgabe der Wirtschaft: Als Versorgungswirtschaft diente sie einst der Befriedigung des tatsächlichen Bedarfs, heute dient sie als kommerzielle Wirtschaft der Maximierung des Profits; zum einen durch die Befriedigung der geweckten Konsumwünsche, zum anderen durch die Vermehrung des Geldvermögens durch Finanzgeschäfte. Sie entwickelte sich zum finanzmarktgetriebenen Kapitalismus, der alle Aspekte des Lebens der Logik der maximalen Kapitalakkumulation unterwirft, oft auch „Turbo-Kapitalismus“ genannt. Ein Kennzeichen ist, dass der Geldmarkt sich von der Realwirtschaft abgekoppelt hat. Der Übergang vom Kapitalismus der Arbeit zum Kapitalismus des Spiels stellt einen gravierenden Bruch mit dramatischen Auswirkungen dar. War Geld bisher Mittel des Handelns, wird es zunehmend zum Zweck des Handelns, zum Selbstzweck.

## Geld und Eselsmist – Die franziskanische Perspektive

„Das Geld ist eines der großartigsten Werkzeuge der Freiheit, die der Mensch erfunden hat“, so die Einschätzung des Ökonomen Friedrich August von Hayek. Anders dagegen die des römischen Staatsmannes und Politikers Cicero: „Nichts ist besserer Beweis einer beschränkten und kriecherischen Einstellung, als vom Geld geleitet zu werden, während es nichts Erhabeneres gibt, als es zu verachten.“ Besitz kann frei machen, aber ebenso „besessen“. Besitz löst häufig die Dynamik aus, noch mehr besitzen zu wollen, noch reicher zu sein. „Geld verdirbt den Charakter“, weiß der Volksmund. Geld bleibt nicht ohne Einfluss auf uns Menschen. Geld kann uns korrumpieren, ohne dass wir es bemerken, und unsere Persönlichkeitsstruktur verändern.

Einer, der dies sehr sensibel erspürt hat, war Franz von Assisi (1181/82–1226). Als Kaufmannssohn hat er diese Dynamik leibhaftig an sich selbst und vor allem an seinem Vater studieren können. Die Familie gehörte zu den so genannten Minores in Assisi. Das waren etwa 2000 Haushalte, die zunächst vergleichsweise wenig Einfluss hatten. Die Macht lag in den Händen der „Majores", in den Händen der Adelsfamilien, die in ihren mächtigen Wohntürmen residierten. Im Zuge der aufkommenden Geldwirtschaft bot sich den Minores die Gelegenheit, als Kaufleute Reichtum zu erlangen. Vater Pietro Bernardone vollbrachte dies durch das Geschäft des Tuchhandels. Franziskus (Francesco = „Französlein") erhielt seinen Namen, als sein Vater von einer Geschäftsreise nach Frankreich zurückkehrte, obwohl ihn seine Mutter Pica bereits auf den Namen Johannes hatte taufen lassen. „Nomen est omen", hat sich Vater Bernardone wohl gesagt und damit das Wunschziel für seinen Sohn vorgegeben: in seine Fußstapfen zu treten und ein guter Geschäftsmann zu werden.

Die Charaktere von Franziskus und seinem Vater hätten konträrer kaum sein können: Während Pietro Bernardone als geizig beschrieben wird, war Franziskus von Jugend an stets freigiebig und großzügig. Ein Grund, weshalb er zum Anführer der feiernden jungen Leute von Assisi gewählt wurde. Er ließ sich nicht lumpen und spendierte gern. Als er einmal einen Bettler im väterlichen Geschäft zunächst unwillig abweist, besinnt er sich rasch und läuft ihm hinterher, um ihm reichlich die Hände mit Münzen zu füllen.

### *Franziskus: Rigorose Ablehnung des Geldes*

Die spätere rigorose Ablehnung des Geldes durch Franziskus ist auf dem Hintergrund dieser Erfahrungen zu sehen. Sie ist eine doppelte Erfahrung. Zum einen eine personalpsychologische: Geld schafft Macht und Ansehen. Geld korrumpiert. Geld schafft eine falsche Sicherheit. „Was der

Mensch vor Gott ist, das ist er, und nicht mehr“, wird Franziskus dagegen in seinen Ermahnungen (Erm 19,2, FQ 52) festhalten. Hiermit liegt er ganz auf der Linie Jesu, der die Versuchungen Macht, Besitz und Ansehen als „teuflische“ Angebote zurückgewiesen hat.

Zum anderen eine gesellschaftlich-soziale: Im 12. Jh. fand der Umbruch der feudalistisch geprägten Agrarkultur hin zu einer merkantilen, kaufmännisch geprägten Bürgerkultur statt. Die Kluft zwischen Arm und Reich war zu seiner Zeit gewaltig. Geld schließt diese Kluft nicht, sondern verschärft sie. Eine kleine Schicht neureicher Bürger von Kaufleuten und Handwerkern, von Rechtsgelehrten und Bankern stürzt einen Großteil der Einwohner in Abhängigkeit und Armut. So steigt Franziskus aus dieser Gesellschaft aus und nimmt einen sozialen Standortwechsel vor: weg von den Reichen und Mächtigen des Zentrums der Stadt hin an den Rand der Armen und Ausgegrenzten vor den Mauern der Stadt.

Seinen eigenen Weg zu finden nimmt auch bei Franziskus einige Jahre in Anspruch. Eines Tages, als er schon wesentliche Schritte auf seinem Weg der Sinnsuche hinter sich hat, reitet Franziskus nach Foligno und verkauft dort kostbare Stoffe und sein Pferd. „Hierauf kehrte er heim, frei von aller Last, und überlegte frommen Sinnes, wie er das Geld verwenden solle … Wie Sand erachtete er den ganzen Gewinn und hatte große Eile, sich seiner zu entledigen … Der wahre Verächter des Geldes aber warf es in eine Fensternische [der zerfallenen Kirche San Damiano] und kümmerte sich darum nicht mehr als um den Staub“ (1 C 8–9, FQ 205).

Seine Entscheidung beruht auf dem Evangelium. Jesus hat auf Macht, Besitz und Ansehen verzichtet. Er hat sich ganz dem Vater anvertraut. Sein Weg ist der der „Kenosis“, der Entäußerung: „Er war wie Gott, hielt aber nicht daran fest, wie Gott zu sein, sondern entäußerte sich und wurde wie ein Sklave“ (Phil 2,6). Der Philipper-Hymnus kennzeichnet diesen Weg der Demut Gottes von der Krippe bis zum Kreuz. Denselben Weg will Franziskus gehen. Symbolisch-pragmatisch wird dies deutlich im Kleiderwechsel und im Moment der Nacktheit. „Kleider machen Leute“: Keiner weiß dies so genau wie der Tuchhändlersohn Franziskus. In Gegenwart des Bischofs Guido von Assisi entledigt sich Franziskus seiner Kleider: „Hört alle und versteht! Bis jetzt habe ich Pietro di Bernardone meinen Vater genannt; aber weil ich mir vorgenommen habe, Gott zu dienen, gebe ich ihm das Geld zurück, um dessentwillen er so aufgeregt ist, und alle Kleider, die ich von ihm habe. Von nun an will ich sagen: ‚Vater unser, der du bist im Himmel‘, nicht mehr Vater Pietro di Bernardone“ (Gef 20, FQ 623).

Franziskus spürt sehr genau: Was einen innerlich umtreibt, daran hängt das Herz. Sein Vater wird wegen des Geldes unruhig. Das Geld entwickelt einen Sog, der nicht gut ist, der gar zur Sucht werden kann. Dahinter steckt eine tiefe Selbstbezogenheit des Menschen, ein Kreisen um das eigene Ego. Die Bibel nennt es „Sünde“, ein Verkrümmtsein in sich selbst *(incurvatus in se)*. Diese Verkrümmung verstellt den Blick auf Gott und verhindert eine Offenheit für die Liebe Gottes. Wer Besitz hat, muss ihn festhalten oder ihn gar mit Waffen verteidigen und kann die Hände nicht öffnen. Wie Jesus setzt Franziskus daher mit seinem Leben nicht mehr auf die Sicherheit von Geld und Reichtum, sondern auf die Sicherheit der Liebe Gottes. Er verzichtet auf sein Erbe, sagt sich von seiner Familie los und wird fortan nur noch Gott als Vater bezeichnen.

Franziskus kleidet sich zunächst in ein Einsiedlergewand, bis er das Evangelium von der Aussendung der Jünger hört (vermutlich am 24. Februar 1208, dem Fest des Apostels Matthias). Da die Jünger „weder eine Tasche noch Brot noch einen Stab auf dem Weg mitnehmen, weder Schuhe noch zwei Röcke haben sollen“ (Mt 10,7–19), legt er den Ledergürtel ab, ebenso seinen Stab und seine Schuhe. Von nun an trägt er einen Strick, der sein schmuckloses, häufig zusammengeflicktes Gewand aus ungebleichter Wolle zusammenhält. Am Ledergürtel war der Geldbeutel befestigt, auch „Geldkatze“ genannt. Ein einfacher Strick konnte einen solchen Geldbeutel nicht halten, er steht für die radikale Armut.

### *Geldverbot in der Bruderschaft*

Franziskus versteht das Evangelium wortwörtlich. Er will das Wanderleben Jesu und seiner Apostel führen. Der Bibel entnimmt er, dass Jesus und seine Jünger in Armut gelebt haben. „Der Menschensohn hat keinen Ort, wohin er sein Haupt legen könnte“ (Mt 8,20). Franziskus leitet für sich daraus ein absolutes Geldverbot ab. Ob Jesus tatsächlich in dieser Armut gelebt hat, darüber entbrannte in späteren Jahren der so genannte Armutsstreit. Seine eigene Berufung der konsequenten Nachfolge Christi wird zur Richtschnur für alle anderen Brüder: „Alle Brüder sollen bestrebt sein, der Demut und Armut unseres Herrn Jesus Christus nachzufolgen … Und er [Jesus] ist arm gewesen und Gast und hat von Almosen gelebt, er selbst und die selige Jungfrau und seine Jünger“ (NbR 9,1. 5, FQ 77).

Als Entlohnung für ihrer Hände Arbeit dürfen die Brüder nur Naturalien annehmen: „Darum soll keiner der Brüder, wo er auch geht und steht, auf irgendeine Weise Geld oder Münzen bei sich haben oder annehmen oder annehmen lassen, weder für Kleider noch für Bücher noch als Lohn für eine Arbeit; nein, unter keinem Vorwand, es sei denn wegen der offenkundigen Notlage kranker Brüder; denn Geld oder Münzen dürfen für uns keinen größeren Nutzen haben, und wir dürfen sie nicht höher schätzen als Steine" (NbR 8,3, FQ 76). In der späteren Bullierten Regel verschärft Franziskus das Geldverbot noch einmal: „Ich gebiete allen Brüdern streng, auf keine Weise Münzen oder Geld anzunehmen, weder selbst noch durch eine Mittelsperson. Doch für die Bedürfnisse der Kranken und die Bekleidung der anderen Brüder sollen einzig die Minister und Kustoden mit Hilfe geistlicher Freunde gewissenhaft Sorge tragen je nach Ort und Zeit und kalten Gegenden, so wie sie nach ihrer Ansicht der Not abhelfen können; immer aber mit dem Vorbehalt, dass sie, wie gesagt, Münzen oder Geld nicht annehmen" (BR 4,1–3, FQ 97).

Zwei Begebenheiten verdeutlichen sehr prägnant die Einstellung von Franziskus: „Wenn auch der Freund Gottes alles, was der Welt ist, aufs Tiefste verachtete, so verfluchte er doch mehr als alles andere das Geld. Er hatte von Beginn seiner Bekehrung an eine besondere Verachtung gegen das Geld und er schärfte denen, die ihm nachfolgen wollten, immer wieder ein, sie sollten es fliehen wie den leibhaftigen Teufel. Den klugen Rat gab er den Seinen, Kot und Geld mit ein und demselben Gewicht der Wertschätzung zu wiegen."

Eines Tages hatte ein Bruder ein Geldstück berührt, das ein Mann als Spende neben das Kreuz in der Kirche Santa

Maria von Portiuncula gelegt hatte. Franziskus wies ihn hart zurecht und befahl ihm, „mit seinem eigenen Munde das Geld vom Fenstersims aufzuheben und es außerhalb der Einfriedung der Niederlassung mit seinem Munde auf Eselsmist niederzulegen“ (2 C 65, FQ 337; vgl. SP 14, FQ 1234).

Eine weitere Begebenheit führt die Haltung von Franziskus noch drastischer vor Augen: „Einmal zieht der Mann Gottes mit seinem Gefährten durch Apulien. In der Nähe der Stadt Bari findet er auf dem Wege eine große, geldbespickte Börse, die in der Kaufmannsprache Geldkatze heißt. Der Gefährte fordert den Heiligen auf und dringt beharrlich in ihn, er möge die Börse vom Boden aufheben und das Geld unter die Armen verteilen. Er ruft besonders seine Liebe gegen die Bedürftigen an und beruft sich auf seine Mildtätigkeit, die er beim Verschenken des Geldes üben könne. Entschieden weigert sich der Heilige, das zu tun, und versichert, das sei nur eine List des Teufels. ‚Es ist nicht erlaubt, mein Sohn‘, spricht er, ‚fremdes Gut wegzunehmen. Ein strafwürdiges Verbrechen, nicht ruhmvolles Verdienst ist es, wenn man fremdes Gut verschenkt.‘ Sie verlassen den Ort und eilen, um ans Ziel ihrer Reise zu gelangen. Doch der Bruder, von falscher Liebe betört, findet keine Ruhe. Er hört noch immer nicht auf, Franziskus zur Übertretung zu verleiten. Da lässt sich der Heilige herbei, an den Ort zurückzukehren, nicht um den Wunsch des Bruders zu erfüllen, sondern um dem Toren das göttliche Geheimnis zu zeigen. Er ruft einen jungen Mann herbei, der auf einem Brunnenrand am Weg sitzt, damit das Geheimnis der Dreifaltigkeit im Munde von zwei oder drei Zeugen offenbar werde. Als die drei wieder zur Geldkatze zurückkommen, sehen sie dieselbe noch prall von Geldmünzen. Der Heilige lässt keinen der beiden an sie herantreten. Die Kraft des Gebetes sollte nämlich die Betrügerei des Satans ans Licht bringen. Er entfernt sich etwa einen Steinwurf weit von der Stelle und versenkt sich in heiliges Gebet. Er kehrt zurück vom Gebete und befiehlt dem Bruder, die Börse aufzuheben, die kraft seines Gebetes statt Geld eine Schlange enthält. Der Bruder zittert und stutzt; ich weiß nicht, ob er schon etwas im Voraus ahnte; es ist ihm ganz eigentümlich zumute. Schließlich macht er, aus Furcht, den heiligen Gehorsam zu verletzen, seinem Schwanken ein Ende und nimmt die Börse in die Hände. Und siehe da, eine Schlange von beträchtlicher Größe springt aus der Geldbörse und beweist dem Bruder den teuflischen Trug. Da spricht der Heilige zu ihm: ‚Bruder, das Geld ist für die Diener Gottes nichts anderes als der Teufel und eine giftige Schlange'" (2 C 68, FQ 338–339).

### *Geld als Gegen-Sakrament des Teufels*

Franziskus ist in seinem Denken und Fühlen ein Mann der Extreme. Er weiß um seine eigenen Versuchungen. Er begegnet ihnen oft auf drastische Weise mit rigorosen Anordnungen. Gegenüber Geld verspürt er einen geradezu körperlichen Ekel. Es ist die Gegenbewegung zur Erfahrung mit dem Aussätzigen. „Denn als ich in Sünden war, kam es mir sehr bitter vor, Aussätzige zu sehen. Und der Herr selbst hat mich unter sie geführt, und ich habe ihnen Barmherzigkeit erwiesen. Und da ich fortging von ihnen, wurde mir das, was mir bitter vorkam, in Süßigkeit der Seele und des Leibes verwandelt", schreibt er in seinem Testament (Test 1–3, FQ 59). Das Abstoßende und Ekelerregende des Aussätzigen wird zur Lebenswende, zur Wende zu Christus, zur Wende zu den Ausgegrenzten. Das einst Kostbare, Strahlende und Verlockende – das Geld – wird jetzt umgekehrt zu etwas Ekelerregendem und Abstoßendem, es wird zu „Mist“. Der Aussätzige wird für Franziskus zum Sakrament Gottes, so wie für ihn die Eucharistie das Sakrament der Demut und Armut Gottes ist. Das Geld wird für ihn dagegen zum Gegen-Sakrament des Teufels. Wie er die Eucharistie verehrt, lehnt er mit derselben Entschiedenheit das Geld als Zeichen des Hochmutes und der Gier ab. Der teuflischen Dynamik des Zusammenraffens und Anhäufens setzt er die göttliche Dynamik des Loslassens und Armwerdens entgegen. „Der völlige Verzicht auf Geld hilft Franziskus, nicht der Logik des Besitzdenkens zu verfallen. Einer Kultur wie der unsrigen, die den Sachzwängen der wirtschaftlichen Globalisierung fast völlig zu verfallen droht, und unserer Ortskirche, die über viel Geld verfügt, ist der Poverello eine fast unfassbare Provokation. Und genau das will er in der Geldfrage sein. Lassen wir uns von seiner Freiheit provozieren!“ (Paul Zahner).

### *Bedeutung der Arbeit*

Zufriedenheit lässt sich nicht mit Geld erkaufen. Zufriedenheit kommt von innen, vom Frieden im eigenen Herzen. Das ist für Franziskus das Entscheidende: „Wo Geduld ist und Demut, da ist nicht Zorn noch Verwirrung. Wo Armut ist mit Fröhlichkeit, da ist nicht Habsucht noch Geiz“ (Erm 27,2–3, FQ 54). Franziskus wünscht, dass alle Brüder arbeiten. Betteln gehen sie nur, wenn ihnen ihr Lohn in Form von Naturalien vorenthalten wird. Sie häufen keine Reichtümer an, sondern helfen produzieren, was dem Lebensunterhalt aller dient. In diesem Sinne üben sie Solidarität und tragen zum Gemeinwohl bei.

## Gratuitas, Liberalitas und Bonität – Franziskanische Wirtschaftstheorien

Interessanterweise finden sich innerhalb von etwa 150 Jahren nach dem Tod von Franziskus, also von 1226 bis 1375, rund 220 franziskanische Schriften, die sich mit Fragen der Ökonomie auseinandersetzen. Dies mag u.a. darauf zurückzuführen sein, dass ein Großteil der Brüder der neuen Schicht des Bürgertums entstammte und für dieses in den Städten die Seelsorge übernahm. Zu klären waren sowohl die moralische Stellung der interregional und multinational agierenden Händler und Kaufleute innerhalb der Gesellschaft wie auch die moralische Legitimation der Bankgeschäfte.

### *Franziskanische Beiträge zur Theorie der Ökonomie*

Das Zitat „Not kennt kein Gebot“ geht beispielsweise auf Franziskus von Meyronnes (ca. 1288–1338) zurück. Es beschreibt das Recht auf das Lebensnotwendige. Der Hungernde darf sich notfalls nehmen, was er zum Leben braucht.

Die Balance von *Tauschbarkeitsgesetz* (die Waren müssen gleichwertig sein) und *Verteilungsgesetz* (die Waren müssen gerecht verteilt werden) wurde von Johannes Duns Scotus ausgearbeitet. Der Markt setzt die gerechte proportionale Berücksichtigung aller Beteiligten voraus. Monopole werden geächtet. Profit und Gewinn werden nicht abgelehnt, wenn sie einer ehrlichen Arbeit entstammen. Sie dürfen etwas mehr als das Notwendige betragen. Was darüber hinausgeht, muss wieder in die Produktion eingebracht werden.

Petrus Johannes Olivi lehrt, dass gehortetes totes Kapital sündhaft ist, da es die Funktionsweise des freien Marktes zerstört und somit dem Gemeinwohl schadet. Die Skrupellosigkeit der Gierigen produziert Armut und zerstört auf Dauer den Markt. In der Tradition von Franziskus wird beim Geld eher die gesellschaftliche Fiktion bzw. Funktion gesehen, die hinter einer Münze steht. Es wird für sich selbst stehend als steril und unfruchtbar betrachtet, da nur eine mit dem Geldwert verbundene Arbeitsleistung etwas erwirtschaftet. Arbeit hat einen höheren Wert als Geld und ist entsprechend zu belohnen.

Johannes Duns Scotus formulierte ein bis heute gültiges *Kostengesetz*: Die Produktionskosten entsprechen langfristig den aus der Praxis errechneten Durchschnittskosten. Sie werden als fixe Kosten auf längerfristige Perioden aufgeteilt. Dadurch bleibt der Anteil der Fixkosten beim einzelnen Produkt konstant, was stärkere Preisschwankungen verhindert.

Ein weiteres Prinzip wurde von Petrus Johannes Olivi eingebracht: das *Nutzenprinzip*. Es berücksichtigt neben der objektiven die subjektive Nützlichkeit für den Käufer. Im Sinne einer Win-win-Situation muss die Ebenbürtigkeit des Tausches aber bei diesem Preisaufschlag (wenn mir etwas subjektiv sehr wichtig ist, bin ich auch bereit, dafür mehr zu zahlen) gewährleistet bleiben. Zusatzkosten und somit höhere Preise entstehen durch das Prinzip der Schadloshaltung. Es ist ein Risikoaufschlag gegen Wertminderung oder Verlust der Ware.

Ein spezifisch franziskanischer Beitrag liegt in der Einführung der „*Gratuitas*". Dieses „Gratis" bedeutete ein Doppeltes: zum einen den Verzicht auf weitere Forderungen nach einem getätigten Geschäft (Vertragsabschluss), zum anderen das Startkapital, das von wohlhabenden Marktteilnehmern an diejenigen vergeben wird, die sonst mangels Vermögen nicht am Markt teilnehmen könnten. Dieses kann in Form eines Kredites zur Verfügung gestellt werden. Aufgrund des Zinsverbots (vgl. dazu die Ausführungen unten) wurde als moralisch legitime Kreditrechnung festgelegt: Entliehener Betrag + Aufwandsentschädigung für die Verwaltungskosten + etwaige Risikokosten bei Kreditausfall + Preis für das gekaufte Recht, die geliehene Summe für den eigenen Gewinn einzusetzen. Der Kreditgeber wird somit am erwirtschafteten Gewinn beteiligt. Da die Franziskaner mit der Sündhaftigkeit des Menschen, konkret mit seinem Egoismus, rechnen, ist der freie Markt durch Regeln vor Missbrauch zu schützen. Die ethisch-moralischen Grundeinstellungen der Marktteilnehmer werden in Tugendkatalogen zusammengefasst. Dazu zählen die Tugenden der Freundlichkeit, der Barmherzigkeit, der Freiheit, der Freigiebigkeit, der Großzügigkeit und der Gerechtigkeit.

Im 15. Jh. wurde von dem Franziskaner Luca de Burgo erstmals ein Mechanismus beschrieben, der sich seit dem 14. Jh. in den oberitalienischen Bank- und Handelsstädten (Venedig, Genua, Florenz) verbreitete: die doppelte Buchführung. Alles wurde nun nach Soll und Haben, nach Kosten und Ergebnis kalkuliert, um maximalen Gewinn zu erzielen. Dieses Kosten-Nutzen-Kalkül fügte sich ein in die Veränderung des Weltbildes insgesamt. Die Welt (und darin inbegriffen der Mensch) wurde immer stärker als Funktionsmechanismus gesehen. Die Zweck-Mittel-Rationalität hielt Einzug, die bis heute unsere europäische Moderne prägt.

Zusammenfassend lässt sich festhalten: Nach der franziskanischen Theorie zerstört der Markt sich selbst, wenn er die Spielregeln der Gerechtigkeit nicht einhält. Der Markt dient der Gemeinwohlorientierung der Gemeinschaft als Ganzer, nicht den Privatinteressen einzelner Individuen. Dass die Franziskaner mit ihrer Theorie nicht ganz falsch lagen, zeigt sich an den Folgen des Neoliberalismus, der die Theorie des freien Marktes mit seinem unsozialen Verhalten genau in diese Richtung pervertiert. Sein Ziel ist die Maximierung des eigenen Wohlstands. Der Absturz der (Finanz-)Märkte zeigt die Gefahr eines so missbrauchten freien Marktes.

### *Franziskanische Aspekte einer gerechten Ökonomie*

Vier Aspekte seien hier benannt, die die Franziskaner in die Überlegungen zu einer gerechten gemeinwohlorientierten Ökonomie einbrachten.

#### *Kommunion und Gemeinschaft*

Aus der theologischen Sicht des dreifaltigen Gottes wurde der Gedanke der Kommunion auf den Markt übertragen. Im Konzept der Gleichberechtigung wird ein Zugang aller zum Markt gefordert sowie eine gerechte Gewinnverteilung. Dies schließt einen angemessenen Preis ein, der niemanden übervorteilt. Der Markt ist Ausdruck einer gerechten „Communio“ (gesellschaftlichen Kommune).

*Liberalitas und Großzügigkeit*

Aus franziskanischer Sicht gehören alle Güter Gott, der der einzig Gute ist. Er stellt sie den Menschen umsonst (= gratis) zum Gebrauch zur Verfügung. Da der Liberalismus, verstanden als Freiheit des Menschen, zu Egoismus und unsozialem Verhalten führt, das die Reichen bevorteilt und die Armen benachteiligt, wird ihm das Modell der „Liberalitas" gegenübergestellt. In Freigiebigkeit wird den Schwächeren eine großzügige Starthilfe gegeben, damit sie am Markt teilnehmen können. Ein solches Startkapital soll den Teufelskreislauf von Verschuldung und Abhängigkeit durchbrechen, mit der zumeist Verelendung und Kriminalität verbunden sind.

*Bonität und Güte*

Da Gott das höchste Gut(e) ist, der alle natürlichen Ressourcen zur Verfügung stellt, sollen alle Geschöpfe an der Fülle des Lebens teilhaben. „Der Begriff Bonität hat in diesem Zusammenhang nicht nur die Bedeutung von Zahlungsfähigkeit und Kreditwürdigkeit. Vielmehr wird der Begriff der Bonität von seinem Wortsinn her verstanden als kaufmännische Solidarität, als Güte und Qualität der Beziehung, die den anderen in die Lage versetzt, so am Markt teilzunehmen, dass er wenigstens etwas mehr als das Lebensnotwendigste erwerben kann. Die Bonität beinhaltet aber auch, dass es Güter gibt, die nicht privatisiert werden dürfen, sondern als Lebensgrundlage allen gehören, z. B. das Wasser" (Johannes-Baptist Freyer).

*Integrität und Lauterkeit*

Die Integrität bezieht sich auf den Umgang mit der Schöpfung. Die franziskanische Haltung ist von Ehrfurcht geprägt. Das Prinzip der Lauterkeit bedeutet, mit der Natur und ihren Ressourcen so umzugehen, dass die Lebensgrundlagen bewahrt bleiben. In heutigen Begriffen geht es um Umweltgerechtigkeit und Nachhaltigkeit.

### *Franziskanische Aspekte einer solidarischen Ökonomie*

Die Franziskaner waren nicht marktfeindlich. Sie lehnten den Handel und Austausch der Güter nicht ab, legten aber Wert darauf, dass alle wirtschaftlichen Aktivitäten und finanziellen Dienstleistungen im Dienst am Gemeinwohl zu stehen haben. Dazu bringt jeder das ein, was ihm möglich ist, und erhält dafür, was er benötigt. Um Gerechtigkeit zu erzielen, bedarf es der Teilhabe. Es müssen Marktmechanismen geschaffen werden, die den gleichberechtigten Zugang aller ermöglichen und einen Austausch, der keinen übervorteilt. Dies schließt die Monopolisierung und die Beherrschung des Marktes durch einige wenige aus. Die Vielfalt und Vielgestaltigkeit des Marktes werden daher gefördert. Im Sinne der Solidarität und Subsidiarität werden Überschüsse dazu verwendet, den schwächeren Teilnehmern Hilfe zur Selbsthilfe zu gewähren. Die Nutzung der Ressourcen soll sich auf das notwendige Minimum beschränken und eine Ausbeutung des überflüssigen Maximums verhindern. Dazu bedarf es eines genügsamen Lebensstils, damit möglichst viele sich das zum Leben Genügende erarbeiten können. Der Wert liegt auf der Arbeit, nicht auf dem Geld. Es ist Mittel, kein Selbstzweck. Als Kapital hat es zu zirkulieren, um Wohlstand für viele und das Lebensnotwendige für alle ermöglichen zu können.

Diese Grundgedanken entsprechen dem modernen Prinzip der Nachhaltigkeit. Wie im Eingangskapitel erläutert, setzt sich Nachhaltigkeit aus den drei Faktoren Ökologie, Ökonomie und soziale Gerechtigkeit zusammen, die in ein Wechselspiel und ein tragfähiges Gleichgewicht zu bringen sind. Das franziskanische Wirtschaftsmodell ermöglicht die intergenerationale Gerechtigkeit, indem es sowohl die Bedürfnisse der derzeit lebenden Menschen als auch der nachfolgenden Generationen sichert. Es sorgt für soziale Gerechtigkeit, indem es allen einen gleichberechtigten Zugang zum Markt schafft und ein Auseinanderklaffen der Schere zwischen Arm und Reich verhindert. Es gewährleistet die ökologische Gerechtigkeit, indem es zum Schutz der Schöpfung ein nachhaltiges Wirtschaften in den Mittelpunkt stellt.

## Problematik des Zinses

Nicht selten wird Kindern bereits zur Geburt oder zur Taufe ein zinstragendes Sparbuch geschenkt. Banken und Sparkassen tragen durch Glückwünsche zur Einschulung, zur Erstkommunion, Firmung oder Konfirmation, verbunden mit einem Angebot zur Sparbucheröffnung, dazu bei, Kinder von Anfang an ins Geldgefüge einzupassen. Der versteckte Ausbeutungsmechanismus der Zinswirtschaft wird darin selbstverständlich verschwiegen, um den Ansatz einer leistungslosen Geldvermehrung in der kommenden Generation fortzusetzen. Der Betrag der Ersparnisse von Kindern lag 2012 bei rund 3 Milliarden Euro. Gefördert wird eine Mentalität des Habens, Behaltens und Vermehrens statt des Loslassens, und somit wird eine Funktion des Geldes überbetont.

Durch Zins und Zinseszins kommt es zur Vermehrung des Geldes in Form von exponentiellem Wachstum. Bekannt ist das Beispiel vom Schachbrett: Wenn ich auf das erste Feld ein Reiskorn lege und es bei jedem der 64 Felder verdoppele, erzeuge ich ein exponentielles Wachstum. Nach der ersten Reihe mit acht Feldern bin ich bereits bei 128 Reiskörnern, und es folgen noch sieben weitere Reihen!

Die Grundproblematik besteht darin, dass Zinseinnahmen leistungslose Einkommen sind und letztlich auf der Ausbeutung anderer Menschen beruhen. Hinzu kommt, dass es nicht nur direkte Zinszahlungen gibt, sondern auch indirekte. In allen Preisen beispielsweise stecken Zinsanteile, die zwischen 10 % und 80 % liegen. Die Verzinsung des eingesetzten Kapitals wird an die Kunden weitergegeben. Es ist eine versteckte Umverteilung von Geld im Gange. Auch wenn der ungerechte Anteil des Realzinses in allen Preisen durchschnittlich nur 10 % betragen sollte, bedeutet dies eine ständige Subventionierung der Reichen durch die Armen, also derer, die etwas produzieren und verkaufen, durch die, die es erwerben.

Zins und Zinseszins haben massiven Einfluss auf das Gemeinwohl, indem die Staatsschulden exorbitant steigen und durch den Schuldendienst weniger Geld für soziale Belange zur Verfügung steht. Wie in der Finanz- und Wirtschaftskrise der letzten Jahre zu sehen war, zeigen sich zwei Phänomene: Entweder wählt der Staat einen Sparkurs, was zu verschärfter Arbeitslosigkeit, Armut und Druck auf die Sozialsysteme führt, oder er versucht die Wirtschaft durch Subventionen und Investitionsprogramme anzukurbeln, was zu weiterer Staatsverschuldung führt. Das eine Übel kann immer nur durch Verschlimmerung des anderen gedämpft werden, löst aber nicht das Grundproblem.

### *Biblisches Zinsverbot*

Die Kirchengeschichte kennt eine lange Tradition des Zinsverbots. Es beruht auf den biblischen Anweisungen der Tora, also der ersten fünf Bücher der Bibel. „Leihst du einem aus meinem Volk, einem Armen, der neben dir wohnt, Geld, dann sollst du dich gegen ihn nicht wie ein Wucherer benehmen. Ihr sollt von ihm keinen Wucherzins fordern" (Ex 22,24). In der jüngeren Quelle des Buches Levitikus wird diese Forderung auch für Fremde und Halbbürger erhoben (Lev 25,35–36; vgl. auch Dtn 23,20–21).

### *Jesuanische Lehre*

Jesus setzt in seiner Lehre das Zinsverbot voraus. Häufig radikalisiert er alt- bzw. ersttestamentliche Vorgaben, so auch in seiner Bergpredigt. In der Fassung des Lukas heißt es: „Ihr aber sollt eure Feinde lieben und sollt Gutes tun und leihen, auch wo ihr nichts dafür erhoffen könnt. Dann wird euer Lohn groß sein, und ihr werdet Söhne des Höchsten sein; denn auch er ist gütig gegen die Undankbaren und Bösen. Seid barmherzig, wie es auch euer Vater ist!" (Lk 6,35–36). Verzichte gegebenenfalls darauf, das Geliehene zurückzufordern. Die Begründung des Handelns liegt in der Güte und Barmherzigkeit Gottes, die die Nachfolger sich zum Vorbild nehmen sollen. Bei Matthäus lautet die Aufforderung: „Wer dich bittet, dem gib, und wer von dir borgen will, den weise nicht ab“ (Mt 5,42).

### *Position der Kirchenväter*

Ganz in der biblischen Tradition lehnten die Kirchenväter das Zinsnehmen kategorisch ab. „Es ist äußerst ungerecht, mehr zu fordern, als man gegeben hat. So handeln, das ist seinen Nächsten ausbeuten und auf perfide Art mit seiner Not spekulieren“, meint Lactantius (gest. 330). Ähnlich der griechische Bischof Gregor von Nyssa (ca. 334–394): „Was ist für ein Unterschied, durch Einbruch in Besitz fremden Gutes zu kommen auf heimliche Weise und durch Mord als Wegelagerer, indem man sich selbst zum Herrn des Besitzes jenes Menschen macht, oder ob man durch Zwang, der in den Zinsen liegt, das in Besitz nimmt, was einem nicht gehört?“ Ebenso urteilten Ambrosius (340–397), Augustinus (354–430) und Hieronymus (331–420).

### *Zinsverbot im Mittelalter*

Im Mittelalter erlangte das Zinsverbot unter den Karolingern allgemeine Geltung. Bereits Karl der Große legte 789 der Synode von Aachen ein entsprechendes Gesetz vor. Im Jahr 825 bestimmte Kaiser Lothar: „Wer Zins nimmt, wird mit dem Königsbann belegt, wer wiederholt Zins nimmt, wird aus der Kirche ausgestoßen und soll vom Grafen gefangen gesetzt werden.“ In dieselbe Richtung verfügte das Zweite Laterankonzil 1139: „Wer Zins nimmt, soll aus der Kirche ausgestoßen und nur nach strengster Buße und mit größter Vorsicht wieder aufgenommen werden. Einem

Zinsnehmer, der ohne Bekehrung stirbt, soll das christliche Begräbnis verweigert werden.“ Diese Position wurde von den Päpsten mitgetragen und verkündet, etwa durch Papst Eugen III.: „Wer mehr nimmt, als die Leihsumme ausmacht, verstrickt sich in die Sünde des Wuchers. Alles, was zur Leihsumme hinzukommt, ist Wucher.“ Hier wird deutlich, dass Wucher bis zu Luthers Zeiten das jegliche Mehr gegenüber dem Gegebenen bedeutet und nicht im heutigen Sinn einen übermäßigen Zins. Die Päpste Alexander III. (1179) und Clemens V. (1311) konstatierten gegenüber weltlichen Herrschern: „Jede Gesetzgebung, die den Zins erlaubt, ist null und nichtig.“ Es wurde weder zwischen Wucher und Zins unterschieden noch der Zweck des Darlehens berücksichtigt. Unter Berufung auf Aristoteles verurteilt auch der bedeutendste Theologe des Mittelalters, Thomas von Aquin (1224–1274), das Zinsnehmen als Sünde: „Das Geld kann nur durch Ausgeben gebraucht werden, also ist dem Gläubiger kein Zins zu vergüten. Auf Zins ausleihen ist Sünde.“ Zinsnehmen ist ein Verstoß gegen die Not des Nächsten, gegen das 7. Gebot und somit ein Verstoß gegen die Nächstenliebe. Allerdings erkennt Thomas Miete und Pacht an sowie eine Gewinn- und Verlustbeteiligung durch einen Gesellschaftsvertrag und Schadensersatz kraft gesonderter Vereinbarung. Die Zinstiteltheorie der Spätscholastik des 14./15. Jh.s durchlöcherte zunehmend das Zinsverbot. Die christlichen Moralvorstellungen beugten sich nach und nach den ökonomischen Zwängen.

Mit dem Aufkommen der Städte verschob sich das Wertesystem weg vom Boden hin zum Geld, das Berufesystem weg vom Bauern hin zum Kaufmann und Handwerker. Die traditionellen Tauschbeziehungen wurden abgelöst von beweglichen Geldwerten und Geschäftsverbindlichkeiten. Der (freie) Markt verkörperte den Vorrang der ökonomischen Funktion. Sobald das Geld die Funktion des Wertaufbewahrungsmittels wieder übernahm und eine rasche Verbreitung des Zinses erfolgte, kam es im 14./15. Jh. zum wirtschaftlich-sozialen Niedergang. Für diese Entwicklung steht beispielhaft Jakob Fugger II. (1459–1529), der als führender Bankier der Päpste auch den Ablasshandel förderte. Um auch theologisch Einfluss zu nehmen, protegierte er den Theologieprofessor von Ingolstadt Johannes Eck (1486–1543), der bei einer Scheindisputation in Bologna für eine generelle Erlaubnis des Zinsnehmens bis 5 % plädierte. Die wirtschaftliche Situation spielte eine nicht unwesentliche Rolle für die Reformation. Martin Luther (1483–1546) wandte sich in mehreren Schriften leidenschaftlich gegen den Wucher: „Darum ist ein Wucherer und Geizhals wahrlich kein rechter Mensch; er sündigt auch nicht eigentlich menschlich! Er muss ein Werwolf sein, schlimmer noch als alle Tyrannen, Mörder und Räuber, schier so böse wie der Teufel selbst! Er sitzt nämlich nicht als Feind, sondern als ein Freund und Mitbürger im Schutz und Frieden der Gemeinde und raubt und mordet dennoch gräulicher als jeder Feind und Mordbrenner. Wenn man daher die Straßenräuber, Mörder und Befehder rädert und köpft, um wie viel mehr noch sollte man da erst alle Wucherer rädern und foltern, alle Geizhälse verjagen, verfluchen und köpfen."[4]

### *Zins in der Neuzeit*

Während im 17. Jh. auf evangelischer Seite das Zinsnehmen nicht mehr kritisch in Frage gestellt wurde, bekräftigten auf katholischer Seite im 16.–18. Jh. über 40 Synoden das Zinsverbot. Papst Benedikt XIV. hielt im Jahr 1745 mit seiner Enzyklika „Vis pervenit" am Zinsverbot fest. Mit der Industrialisierung des 19. Jh.s unterschieden Moraltheologen zunehmend zwischen Zins und Wucher sowie Konsumptiv- und Produktivdarlehen und rechtfertigten mit Blick auf das moderne sittliche Bewusstsein den Zins als förderlich für Verkehr und Handel. Leo XIII. schrieb mit „Rerum novarum" 1891 die erste Sozialenzyklika, die sich der Arbeiterfrage widmete. Darin ist von „gierigem Wucher" die Rede, von „unersättlichem Kapitalismus" und davon, dass es gilt, den „alles verschlingenden Wucher aus der Welt [zu] schaffen". In Bezug auf das Zinsverbot fehlen jedoch konkrete Schlussfolgerungen. Dies gilt ebenso für die berühmten Enzykliken „Mater et Magistra" von Papst Johannes XXIII. (1961), „Populorum Progressio" von Papst Paul VI. (1967) und „Sollicitudo rei socialis" von Johannes Paul II. (1987), die Symptome ansprechen, nicht aber das Zinsverbot. Im kirchlichen Gesetzbuch von 1918 spiegelt sich der Spagat wider, der sich seit der Aufhebung des Zinsverbotes (Kurhessen 1550; Bayern 1553; Mecklenburg 1562; Preußen und Polen 1569; Frankreich 1789) ergeben hatte. Kanon 1543 stellt fest, dass der Darlehensvertrag keinen Gewinn rechtfertige, andererseits aufgrund des weltlichen Gesetzes die Vereinbarung eines Gewinns erlaubt sei. Im neuen Kirchengesetzbuch von 1983 wurde der Zins-Kanon ersatzlos gestrichen.

### *Zins und Bodenbesitz*

Ein isoliertes Zinsverbot hätte dazu geführt und würde dazu führen, dass Geld zur Bodenspekulation verwendet wird.

Im Gegensatz zum Geld ist Boden nicht vermehrbar, nur nutzbar. Durch eine wachsende Bevölkerung bzw. zunehmende Flächenansprüche steigt der Wert des Bodens. Da der Besitz von Boden höchst ungleich verteilt ist, kommt es auch hier zu steigenden leistungslosen Gewinnen („Bodenrenten") und Umverteilung von Arm nach Reich. Die mosaischen Gesetze haben das Zinsverbot deshalb an ein die Spekulation ausschließendes Bodenrecht sowie die Erlassjahre gekoppelt. Ähnlich der Verschuldung kam es im Volk Israel auch in Bezug auf den Boden alle 50 Jahre zu einem Rückfall des Bodeneigentums an die ursprünglichen Besitzer. Im Buch Levitikus ist die Befreiung aus der Schuldknechtschaft festgeschrieben: „Das Land darf nicht endgültig verkauft werden; denn das Land gehört mir, und ihr seid nur Fremde und Halbbürger bei mir" (Lev 25,23).

Der Umgang mit dem Bodenbesitz stellt eine zentrale Frage der Gesellschaftsordnung dar. Sozialistisch orientierte Länder vergesellschafteten sowohl den Boden als Vermögenswert als auch seine Nutzung. In kapitalistisch orientierten Staaten gilt das Recht auf Privatbesitz an Boden. In Artikel 15 des Grundgesetzes findet sich die Ermächtigung, „Grund und Boden, Naturschätze und Produktionsmittel … zum Zwecke der Vergesellschaftung … in Gemeineigentum oder in andere Formen der Gemeinwirtschaft" zu überführen. Dieser Artikel blieb bei Verwendung des Bodens zu kollektiven Produktionszwecken (landwirtschaftliche oder industrielle Nutzung) staatlicherseits ungenutzt. In Artikel 14 Abs. 2 des Grundgesetzes ist die Sozialbindung des Eigentums festgeschrieben. Der Grundsatz „Eigentum verpflichtet. Sein Gebrauch soll zugleich dem Wohle der Allgemeinheit dienen" wird jedoch kaum eingefordert.

Silvio Gesell (1862–1930) trat dafür ein, den Boden gegen Entschädigung auf den Staat zu übertragen und an den Meistbietenden zu verpachten. Nach der Wende 1989 wurde für den Boden der ehemaligen DDR der Grundsatz „Rückgabe vor Entschädigung“ festgelegt, was ein Experiment größeren Maßstabes in diese Richtung verhinderte. Im Unterschied zum sozialistischen Modell wäre damit nur der Vermögenswert des Bodens vergesellschaftet worden, nicht aber dessen Nutzung, die weiterhin privat frei hätte betrieben werden können. Was weggefallen wäre, wäre die Bodenspekulation. Durch die Einführung eines Bodennutzungsentgelts würden bei diesem Modell die Gewinne durch leistungslose Bodenrenten entfallen, was einen sparsamen Umgang mit der Ressource Boden fördern würde.

Die Problematik des Bodenbesitzes wird heute beim so genannten Landgrabbing sichtbar. Bestimmte Staaten, staatliche Firmen oder private Investoren kaufen in großem Stil Land auf, vorzugsweise in Afrika, das dann den einheimischen Kleinbauern nicht mehr zur Verfügung steht und deren Ernährungssicherheit gefährdet.

### *Zinsverbot im Islam*

Erwähnt sei, dass auch der Islam ein im Koran begründetes Zinsverbot kennt. „Ihr Gläubigen! Nehmt nicht Zins, indem ihr in mehrfachen Beträgen wieder nehmt, was ihr ausgeliehen habt“ (Sure 3,130). „Diejenigen, die Zins nehmen, werden dereinst nicht anders dastehen als einer, der vom Satan erfasst und geschlagen ist. Dies wird die Strafe dafür sein, dass sie sagen: ‚Kaufgeschäfte und Zinsleihe sind ein und dasselbe‘. Aber Gott hat nun einmal das Kaufgeschäft erlaubt und die Zinsleihe verboten" (Sure 2,275). Bis heute gilt das Zinsverbot auch für islamische Banken. Diese werden stattdessen zu Teilhabern am Geschäft, d. h. an den jeweiligen Gewinnen und Verlusten.

### *Montes Pietatis – Die franziskanische Antwort auf Zins*

In Italien hatten sich im 15. Jh. bereits Formen eines kapitalistischen, auf Akkumulation gerichteten Wirtschaftens ausgebildet. Als Reaktion darauf gründeten sich auf Initiative der Franziskaner in der zweiten Hälfte des 15. Jh.s Leihanstalten kirchlicher Orden, die so genannten *Montes Pietatis*, die „Berge der Barmherzigkeit", die in Städten hilfsbedürftigen Menschen gegen Pfand Geld oder andere Dinge liehen. Ihr Ziel war es, die ärmeren Bevölkerungsschichten vor Wucher zu schützen. Die Zinssätze betrugen damals um die 43 % und konnten teilweise bis zu 80 % erreichen. M. Sommer bezeichnet diese Praxis der Zinsvergabe als „wilden Frühkapitalismus der italienischen Renaissance". Die erste urkundlich erwähnte *Mons Pietatis* findet sich 1462 in Perugia. Sie geht auf das Wirken und die Fastenpredigten des Franziskaners Michael de Carcano aus Mailand zurück. Weitere Gründungen waren u. a. Assisi (1468), Siena (1472), Florenz (1473), Mailand (1483) und Genua (1485). Den öffentlichen Leihanstalten wurde ihre Forderung für Aufwendungen anerkannt und eine Art Zins in Höhe von 4–12 % eingeführt. Ihr Ziel war aber nicht der Profit des Geldverleihers, sondern der Nutzen des Kreditnehmers. Wie dargestellt, war das Zinsnehmen aus kirchlicher Sicht umstritten. Das fünfte Laterankonzil (1512–1517) bestätigte die Geschäftspraxis, so dass sich die *Montes Pietatis* in fast ganz Westeuropa ausbreiteten.

Die heutigen Genossenschaftsbanken und kommunalen Sparkassen gehen auf die *Montes Pietatis* zurück und verkörpern den sozialen Aspekt der Finanzwirtschaft. Friedrich Wilhelm Raiffeisen (1818–1888) gründete 1847 einen Unterstützungsverein für die durch „wucherisches Treiben" verarmte ländliche Bevölkerung im Westerwald. Später wurden die Darlehnskassenvereine nach seinem Gründer „Raiffeisenbanken" genannt. Hermann Schulze-Delitzsch (1808–1883) gründete drei Jahre später für in Not geratene Handwerker den „Vorschussverein" als Vorläufer der heutigen Volksbanken. Die Volks- und Raiffeisenbanken (1078 Niederlassungen, Bilanzsumme 2014: 788 Mrd. Euro) sind neben den privaten Geschäftsbanken und den öffentlich-rechtlichen Kreditinstituten (Sparkassen) die dritte Gruppe der in Deutschland zugelassenen Institute. Einen ähnlichen Ansatz verfolgt die 1983 in Bangladesch gegründete „Grameen Bank", die benachteiligten Bevölkerungsschichten Mikrokredite vergibt. Muhammad Yunus bekam für seine Initiative 2006 den Friedensnobelpreis. Weltweit gibt es mittlerweile über 3000 solcher Mikrofinanzinstitute.

# 3. Franziskanische Kapitalismuskritik

## Kapitalismus heute

Die Art des Wirtschaftens ist ein von Menschen gemachtes System. Jedes System weist bestimmte Rahmenbedingungen und Steuerungsmechanismen auf. „Verteilung ist kein spontaner Prozess. Sie entsteht aus langfristig-strategischem, politischen Handeln", so der Politikwissenschaftler Alfred F. Reiterer. Zu diesem strategischen Handeln zählt die Steuerpolitik, die in Deutschland in den letzten Jahrzehnten dazu geführt hat, dass reiche Menschen und Unternehmen entlastet wurden, während die Belastung des Durchschnittsbürgers wuchs. Einkommen aus Arbeit wird mit höheren Steuersätzen belegt als Einkommen aus Kapital. Dies führt zu einer hohen und steigenden Ungleichheit von Vermögen und Einkommen. Die ungleiche Verteilung der Einkommen ist somit kein Naturgesetz. Die Gestaltung der Wirtschaft ist keine technische, sondern eine (gesellschafts-)politische Frage. Die Entscheidung, das Funktionieren einer freien Marktwirtschaft allein dem freien Spiel der Kräfte zu überlassen, geht auf Kosten der Gerechtigkeit.

### *Funktionsweise des Kapitalismus*

Die kapitalistische Wirtschaftsweise beruht auf zwei Grundprinzipien. Das *Rendite- und Kapitalisierungsprinzip* besagt, dass alle wirtschaftlichen Aktivitäten unter den

Vorbehalt der Gewinnmaximierung gestellt werden. Das *Eigennutz- und Privatisierungsprinzip* beschreibt die Tatsache, dass die erwirtschafteten (Unternehmens)Gewinne den Kapitalgebern zukommen. Das Interesse Einzelner ist somit dem Gemeinwohl übergeordnet, obwohl beispielsweise laut bayerischer Verfassung (§ 151) die gesamte wirtschaftliche Tätigkeit nicht der Gewinnmaximierung, sondern dem Allgemeinwohl zu dienen hat.

### *Finanz- und Wirtschaftskrise*

Als sich 2007/2008, bedingt durch die Gier der Finanzspekulanten, das System des Turbo-Kapitalismus selbst zu zerstören drohte, übernahmen die Staatsregierungen die Schulden der Marktakteure in ihre öffentlichen Haushalte und errichteten Rettungsschirme in Milliardenhöhe. Aus Angst vor den Folgen wurde hier interessanterweise von Seiten der politisch Verantwortlichen gegen kapitalistische Prinzipien verstoßen: Die nicht lebensfähigen Banken wurden nicht dem Konkurs preisgegeben, sondern über die Steuerzahler gerettet. Die zu Recht kritisierte Folge: Gewinne werden privatisiert, Verluste werden sozialisiert. Die Staatsverschuldung steigt. Das Perfide am System ist, dass die gerade vor der Zahlungsunfähigkeit geretteten Finanzakteure Länder wie Griechenland an den Rand des Staatsbankrotts und des politischen Souveränitätsverlustes führen, indem sie die Zinsen auf die Darlehen zur Finanzierung der Staatsschulden erhöhen. Hinzu kommen Spekulationen gegen den Euro, die weitere Milliardensummen erfordern, um dessen Stabilität zu gewährleisten. Dies, um das „Vertrauen der Märkte“ zurückzugewinnen, die die Verursacher der Krise sind. Ein „unkapitalistisches“

Verhalten der Politik und ein Verstoß gegen das für Marktwirtschaften fundamentale Haftungsprinzip hat dazu geführt, das System des finanzgestützten Kapitalismus aufrechtzuerhalten; allerdings zu einem hohen Preis, zu Lasten der Bürger. Die Art des derzeitigen Finanzsystems mit der Folge höherer Staatsverschuldungen verhindert eine nachhaltige Entwicklung.

### *Negative Auswirkungen des Kapitalismus*

Die Kritik am Kapitalismus bezieht sich auf mehrere negative Auswirkungen. Zwei seien kurz benannt: die sich vergrößernde Kluft zwischen Arm und Reich sowie die nur vermeintliche Beseitigung der Armut.

Insgesamt wächst zwar der Wohlstand (auf Kosten der Umwelt), wobei die gerechte Verteilung das Problem bleibt. Die These, dass die Schere zwischen Arm und Reich, zwischen Gewinnern und Verlierern immer weiter auseinanderklafft, stützen zahlreiche Untersuchungen. Der Bericht des UN-Entwicklungsprogramms von 2014 zeigt auf, dass die Einkommensunterschiede weltweit steigen. Thomas Piketty belegt, dass im Laufe der Geschichte die Rendite des Kapitals von durchschnittlich 6% die Wachstumsrate der Realwirtschaft von durchschnittlich 1–1,5% immer übertrifft und die Kapitalanhäufungen zu immer größeren Ungleichheiten in der Gesellschaft führen.[5] Auch in Deutschland gibt es eine zunehmende Kluft zwischen denen, die ihre Erträge permanent steigern können, und denen, die eher Einkommensverluste zu verkraften haben. Kontrovers diskutiert wird die Frage, ob der Kapitalismus mehr Armut erzeugt, als er die Armut beseitigt. Die absoluten Zahlen zeigen einen Rückgang der Armut. Die über 800 Millionen Menschen, die weltweit in absoluter Armut leben, lassen dennoch fragen, ob genug gegen Armutsrisiken getan wird. Zudem ist es entscheidend, wie der Armutsfaktor gemessen wird. Durch seine Zielsetzung und damit verbundene Methodik führt der Kapitalismus zu massiver Ungleichheit bis hin zu Millionen von Toten. Kritiker sprechen daher vom „Kapitalismus als strukturellem Völkermord“ (Garry Leech) und von „Verbrechen gegen die Menschlichkeit“ (Jean Ziegler).

Im Folgenden wird zunächst der biblische Befund erhoben und die Frage nach der religiösen Dimension des Kapitalismus gestellt, bevor die Kritik von Papst Franziskus am derzeitigen Wirtschaftssystem dargestellt wird.

## Biblischer Hintergrund

Biblisch gesehen geht es um die Unterscheidung zwischen Gott und Göttern. Es geht um die Verhinderung von Eigendynamiken menschengemachter Systeme, die zum „Götzen“ werden.

### *Tora*

Die Anweisungen der Tora dienen dieser Verhinderung. Auf Verstöße machen die ersttestamentlichen Propheten aufmerksam. Amos, Micha, Jesaja und Jeremia verweisen auf den Teufelskreislauf von Eigentum, Zins, Verschuldung, Pfändung und Schuldsklaverei. Kleinbauern werden Abgaben und Sühnegelder abgenommen, ihr Recht wird missbraucht. Zugleich prassen die Reichen im Luxus (vgl. Amos 5 und 6). Sowohl die Reichen, die nach immer mehr an Feldern und Häusern gieren, wird Unheil ereilen (vgl. Micha 2,3) als auch diejenigen, die die Verschuldungsmechanismen zur Anhäufung von Großgrundbesitz ausnutzen (vgl. Jes 5,8 und Jer 22,17). Aus der Tora sind in Bezug auf das Wirtschaftssystem folgende Bestimmungen grundlegend: das Zinsverbot (Ex 22,24; Lev 25,35–38; Dtn 23,20 f); der Schuldenerlass und die Pflicht zur Darlehensvergabe (Dtn 15,1–11); kein dauerhafter Besitz an Grund und Boden (Lev 25); Abgaben nicht auf die Produktion, sondern auf die Produkte (Dtn 14,28 f); die Bestimmungen zum Sabbat und zum Jubeljahr.

### *Schutz der Armen*

Durch die Gebote der Tora, vor allem der ersten Sozialgesetze der Weltgeschichte in den Büchern Levitikus und Deuteronomium, werden insbesondere die Armen geschützt. Der Land- und Freiheitsverlust als Ergebnis der auf der Geld- und Eigentumsordnung beruhenden Verschuldungsmechanismen sowie die Ausbeutung der Armen widersprechen der Ordnung Gottes. Das Akkumulations- und Ausbeutungsverbot entspricht der göttlichen „Ökonomie des Genug für alle“ (vgl. Ex 16,18). Zu ihrer Grundlage gehört die Regelung des Bodenrechts. Es gibt kein Privateigentum an Grund und Boden, nur Nutzungseigentum. Das Volk Israel wird immer wieder daran erinnert, dass es in Ägypten selbst Knechtschaft und ausbeuterische Strukturen erfahren hat: letztlich nichts anderes als das, was heute viele in prekären Beschäftigungsverhältnissen erfahren, in Leiharbeit und Minijobs oder gar illegaler Beschäftigung mit Hungerlöhnen. In der Sklaverei Ägyptens gab es Frondienst, heute gibt es Lohndumping,

Normerhöhung und Leistungsdruck. Wir steuern auf eine Vier-Fünftel-Gesellschaft zu (oder haben sie bereits), die Menschen aus der Mitte der Gesellschaft ausgrenzt.

### *Botschaft Jesu*

Jesus greift die Botschaft der Propheten vom befreienden Handeln Gottes auf und wendet sich besonders denen zu, deren Lebensmöglichkeiten und Überlebenschancen gering waren. „Glücklich seid ihr Armen, denn die Herrschaft Gottes ist auf eurer Seite!" (Lk 6,20). Der Kern jesuanischer Botschaft sind die Gebote der Gottes- und Nächstenliebe. Die Nächstenliebe äußert sich darin, anderen zum Nächsten zu werden (vgl. Lk 10,36). Dies beinhaltet die Hinwendung zu den Armen, Schwachen und Ausgegrenzten. „Wenn jemand Vermögen hat und sein Herz vor dem Bruder verschließt, den er in Not sieht, wie kann die Gottesliebe in ihm bleiben?" (1 Joh 3,16f). Es sind besonders die Armen, die die Lieblinge Gottes sind. Sie preist Jesus selig (Lk 6,20f). Insbesondere im 14. Kapitel des Lukasevangeliums wird die „Option für die Armen" deutlich. Des Öfteren macht Jesus darauf aufmerksam, dass das Streben nach Reichtum dem Reich Gottes entgegensteht und es daher ein Reicher schwer hat, in das Himmelreich einzugehen. „Ein Reicher wird nur schwer in das Himmelreich kommen. Nochmals sage ich euch: Eher geht ein Kamel durch ein Nadelöhr, als dass ein Reicher in das Reich Gottes gelangt" (Mt 19,23–24). Von seinen Jüngern fordert Jesus einen radikalen Verzicht auf Besitz: „Darum kann keiner von euch mein Jünger sein, wenn er nicht auf seinen ganzen Besitz verzichtet" (Lk 14,33). Von den Besitzenden verlangt er, dass sie sich denen zuwenden und die einladen, die es ihnen nicht vergelten können, „Arme, Krüppel, Lahme und Blinde“ (Lk 14,13). Als warnendes Beispiel stellt er ihnen den reichen Mann und den armen Lazarus vor Augen (vgl. Lk 16,19–31). Als ihn ein Mann (vermutlich ein Großgrundbesitzer) fragt, was er tun müsse, um das ewige Leben zu gewinnen, schmuggelt Jesus in seine Zitation der Gebote zusätzlich hinein: „Du sollst nicht rauben“ (Mk 10,19). Jesus wendet sich gegen das gierige Horten und Anhäufen von Schätzen. „Hütet euch vor jeder Form der Habgier. Denn der Sinn des Lebens besteht nicht darin, dass ein Mensch aufgrund seines großen Vermögens im Überfluss lebt“ (Lk 12,15). Daraus folgt: „Ihr könnt nicht beiden dienen, Gott und dem Mammon“ (Mt 6,24). Das aramäische Wort „Mammon“ steht für Eigentum, Grundbesitz, Vermögen (an Geld) oder (Schuld-)Sklaven. Wer dem Reichtum dient, versklavt sich selbst und kann nicht Gott dienen. Reichtumsvermehrung und Gottesdienst sind unvereinbare Gegensätze, die einander ausschließen. Weitere Stellen, die sich auf das Geld beziehen, sind die Rede Jesu vom Leihen des Geldes (Lk 6,34–35), das Gleichnis vom anvertrauten Geld (Lk 19,11–27), die Tempelreinigung und die Vertreibung der Händler (Lk 19,45–48) sowie das Opfer der Witwe (Lk 21,1–4).

### *Güterteilung in der Urgemeinde*

Das Gegenbild zur römischen Herrschaftsordnung ist die geschwisterliche Ordnung Gottes, in der der gegenseitige Dienst zählt (vgl. Mk 10,42–44). Das urchristliche Ideal leuchtet in der Jerusalemer Urgemeinde auf: „Keiner nannte etwas von dem, was er hatte, sein Eigentum, sondern sie hatten alles gemeinsam … Es gab auch keinen unter ihnen, der Not litt“ (Apg 4,32.34). Das Bild, das der Evangelist Lukas hier vermittelt, mag idealisiert sein, doch scheint gerade bei ihm der Aspekt der Solidarität als wesentliches Kennzeichen des Christentums auf. Damit wird der Anspruch der Tora erfüllt (vgl. Dtn 15,4), und die Gemeinde lebt das Gegenbild zum römischen Imperium. „Dadurch wird Zeugnis von der Auferstehung Jesu abgelegt. Das heißt: Jesus ist dadurch unter ihnen lebendig, dass sie ihr Eigentum nicht als das Ihre zur Maximierung ihres eigenen Gewinns und zur Akkumulation ihres Eigentums einsetzen, sondern dazu, dass die Gemeinschaft so miteinander leben kann, dass es keine Not unter ihnen gibt. Jesu Auferstehung bedeutet – wirtschaftlich gesehen – Leben in Gemeinschaft, in gerechten Beziehungen.“[6]

In der Apostelgeschichte berichtet Lukas, in welcher Weise sich die Gemeinden den Aspekt der Solidarität zu eigen gemacht haben. Diese betrifft nicht nur die Armen in der eigenen Gemeinschaft, sondern die Verbundenheit mit den anderen Gemeinden. Als unter Kaiser Claudius eine große Hungersnot ausbrach, sammelte die vorwiegend heidenchristliche Gemeinde in Antiochia „und schickte ihre Gaben durch Barnabas und Saulus an die Ältesten“ (Apg 11,30) in Jerusalem. Auch Paulus hat sich immer wieder für einen solidarischen Ausgleich und für konkrete Nothilfe durch Geldsammlungen innerhalb der Gemeinden eingesetzt (vgl. Röm 14,17; 15,25–27; 1 Kor 16,1; 2 Kor 9,12). Deutlich wird ein gegenseitiges Geben und Nehmen im Austausch materieller und spiritueller Güter. Niemand ist derart arm, dass er gar nichts zu geben hätte. Die Verbundenheit im Glauben bedeutet eine gegenseitige Anteilnahme an den Nöten des anderen. Aus der Verantwortung füreinander erwächst ein solidarisches Handeln in der Konkretion des Teilens der vorhandenen Güter.

Sowohl in der erst- wie in der zweittestamentlichen Bibel geht es um die Grundsatzfrage des Gottesbildes: Verehren wir den Gott der Befreiung oder den Gott des Geldes und der Macht? Geht es um den Gott der solidarischen liebevollen Fürsorge für die Armen und Ausgegrenzten oder um den Götzen der egoistischen Habgier und des ungeteilten Reichtums? Das Kennzeichen des biblischen Gottesbildes liegt darin, dass er sich mit den Armen identifiziert, sich auf ihre Seite stellt und ihnen Gerechtigkeit verschafft.

## Kapitalismus als Religion?

Religion ist neben anderen Aspekten gleichermaßen Ausdruck von Angst und Vertrauen. Im Sinne der Kontingenzbewältigung bietet Religion Schutz und Hilfe an den Bruchstellen des Lebens. Das lateinische Wort für Glauben, „credere", leitet sich von „cor dare", „das Herz schenken", ab. Glauben bedeutet somit Vertrauen in Gott. Dies kommt zum Ausdruck, wenn Jesus mahnt: „Sorgt euch nicht um euer Leben und darum, dass ihr etwas zu essen habt, noch um euren Leib und dass ihr etwas anzuziehen habt. Das Leben ist wichtiger als die Nahrung und der Leib wichtiger als die Kleidung ... Euer Vater weiß, dass ihr das braucht. Euch jedoch muss es um sein Reich gehen; dann wird euch das andere dazugegeben" (Lk 12,22–23.30–31; vgl. Mt 6,25–34). Biblisch gesehen, wird der Mensch vom Zwang der Selbsterhaltung und Selbstbegründung befreit (vgl. Röm 7). Für ihn steht im Mittelpunkt die Ehre Gottes (vgl. Dtn 6,4).

Im Kapitalismus spielt der Glaube ebenfalls eine zentrale Rolle, allerdings als säkularer Glaube an den allumfassenden Markt. Aus dem Credo (= Ich glaube) wird der Kredit und das Vertrauen in die Kreditwürdigkeit. Im finanzmarktgetriebenen Kapitalismus ist es die Hoffnung auf die Spekulationsblasen, auf die ungedeckten Schecks einer ungewissen Zukunft. Der Kapitalismus verkörpert „göttliche“ Eigenschaften. Als alles durchdringendes System ist er „allmächtig“, als Wohlstand und Reichtum produzierende Kraft ist er „gütig“, als technologische Entwicklung ist er „allwissend“. Im Orakel der Börsenkurse lässt sich die göttliche Stimme täglich vernehmen, indem sie das göttliche Wohlgefallen oder Missfallen am spekulativen Handeln der Menschen zum Ausdruck bringt. Ebenso wie die Religion ihre Priester hat, besitzt der Kapitalismus seine Insider mit „Arkandisziplin“, die einer höheren Welt angehören, zu der nur wenige Zutritt haben. Für einige Minuten treten täglich die Interpreten aus dem Allerheiligsten, der Börse, um dem Volk die neuesten Entwicklungen zu verkünden. Sie führen dem einfachen Volk die „Heiligen“ vor Augen, denen es als Vorbild nachzueifern gilt: diejenigen, die es geschafft haben, als Millionäre die wahren Tugenden zu erreichen. Die dem Lebensprogramm der kapitalistischen Religion folgen und deren vier Hauptgebote verinnerlicht haben: „Andere sind besser als du! Genug ist nie genug! Es muss noch mehr und noch besser werden! Verschwende keine Zeit, denn Zeit ist Geld!“[7] Die den Kult des Kapitalismus in Perfektion leben: „Geld machen“. Die den Gott anbeten, der ein Gott des Spiels, der Wetten, der Spekulation ist. „Wenn aber der Gott des Kapitals zürnt, Vermögen verloren geht und Kapital schwindet, dann winkt dem gläubigen Diener des

Kapitals das Fegefeuer der eigenen Bedeutungslosigkeit, die Hölle der Selbstzweifel und die Verdammnis der Verstoßung aus den inneren Zirkeln der Macht" (Ulrich Hemel).

Gott Geld ist ein „kannibalischer Gott". Er ist fordernd, grausam und zerstörerisch und somit lebensfeindlich. Er ernährt sich von Menschenopfern, indem er eine permanente Verfügbarkeit verlangt. Er schert sich nicht um die Armen und Schwachen. Im Gegenteil: Er bewirkt Armut und Zerstörung. Er schätzt die Arbeit nicht mehr, sondern den blinden Zufall. Er ebnet alle zeitlichen und kulturellen Unterschiede ein, vereinheitlicht Dinge und Menschen und macht Menschen beliebig austauschbar, zur bloßen Ware. Er beschränkt sich nicht auf den ökonomischen Bereich, er fordert den ganzen Menschen und kolonialisiert die Seele. Er verändert die Identität des Menschen und zerstört Beziehungen. Er macht alles käuflich, zwingt Gegensätze als der große „Kuppler" wider ihren Willen zusammen. Gott Geld ist mit diesen Eigenschaften eher dämonisch denn göttlich; kein neuer Gott, sondern ein alter Teufel. „Die Macht des Geldes ist in Wahrheit die ihrer Menschlichkeit beraubte Macht der menschlichen Arbeit ... Wer Gott Geld anbetet, betet die Entleerung des Menschlichen an" (Michelle Nocoletti).

Aus der Eigendynamik des Wirtschaftssystems sind Mechanismen entstanden, die von vielen als unhintergehbare, alternativlose Daseinsmächte angesehen werden. Das, was Menschen geschaffen haben, das dem Leben dienen soll, indem es ihre elementaren Bedürfnisse wie Lebensunterhalt, Genuss, Sicherheit und Vorsorge für die Zukunft stillt, hat sich im Laufe der Zeit verselbständigt und allmählich Macht über die Menschen gewonnen. Als Eigendynamik menschengeschaffener Systeme ist es zum Götzen geworden. Insofern lässt sich der Kapitalismus als „Religion“ bezeichnen. „Sein Betriebssystem – in der Bibel als Mammon entmythologisiert – hält stand, solange für diese Art der Götzendienerei und des Gottesersatzes immer neue Gläubige gefunden werden, die das Spiel des Mythos Geld samt seinen Illusionen weiterspielen“[8] (Johannes Röser).

## Kapitalismuskritik von Papst Franziskus

Papst Franziskus wünscht sich in biblischer Tradition eine arme Kirche für die Armen. Ziel ist es, deren Lebenssituation zu verbessern. „Ich sehe ganz klar, dass das, was die Kirche heute braucht, die Fähigkeit ist, die Wunden zu heilen und die Herzen der Menschen zu wärmen – Nähe und Verbundenheit.“ Der diakonische Auftrag der Kirche beinhaltet, einer konkreten Notlage Abhilfe zu leisten und die Wunden Einzelner zu verbinden. Er beinhaltet ebenso, die „wunden Punkte“ unserer Gesellschafts- und unserer Wirtschaftsordnung zu benennen und zu einer Heilung beizutragen. Eine solche Wundheilung kann schmerzhaft sein, ist aber unumgänglich, soll die Wunde sich nicht infizieren und entzünden. Es handelt sich bei der Nächstenliebe immer sowohl um eine individualethische als auch eine institutionenethische Aufgabenstellung.
Das Gleichnis vom barmherzigen Samariter ist ein Lehrstück konkreter Nothilfe und die Antwort auf die Frage „Wer ist mein Nächster?“. Es ist zugleich Herausforderung, weitergehende Fragen zu stellen: Wer fällt heute

unter die Räuber? Wer geht heute achtlos vorüber? Wer leistet heute Hilfe? Hinter diesen vordergründigen Fragen verbergen sich hintergründige: Wer sind die Räuber und warum rauben sie? Wie lassen sich die Strukturen ändern, damit niemand mehr unter die Räuber fällt? Die Verpflichtung christlichen Handelns besteht in der konkreten Hilfeleistung an den unter die Räuber Gefallenen. Eine andere und mindestens ebenso wichtige Verpflichtung stellt die Veränderung der Strukturen dar, die permanent unter die Räuber Gefallene produzieren. Nicht nur die individuellen, auch die „strukturellen Sünden" sind anzugehen und einer Umkehr und Veränderung zu unterziehen. „In diesem Rahmen versteht man die Aufforderung Jesu an seine Jünger: ‚Gebt ihr ihnen zu essen!' (Mk 6,37), und das beinhaltet sowohl die Mitarbeit, um die strukturellen Ursachen der Armut zu beheben und die ganzheitliche Entwicklung der Armen zu fördern, als auch die einfachsten und täglichen Gesten der Solidarität angesichts des ganz konkreten Elends, dem wir begegnen" (Evangelii gaudium 188). Dieser Ansatz begründet für Papst Franziskus den Auftrag, politisch zu handeln: „Die Politik, so die Soziallehre der Kirche, ist eine der höchsten Formen der Nächstenliebe, da sie darin besteht, dem Gemeinwohl zu dienen. Da kann ich mir nicht die Hände in Unschuld waschen. Wir alle müssen etwas tun! Ein guter Katholik mischt sich in die Politik ein. Keiner darf sagen: ‚Damit habe ich nichts zu tun; die da regieren … Nein, nein, ich muss das Beste tun, indem ich an der Politik Anteil nehme, so gut ich kann."

*Götzendienst des Geldes*

Bereits als Bischof sprach Papst Franziskus 2002 von der „Tyrannei des Marktes", vom „Imperialismus des Geldes", vom „wirtschaftlichen und finanziellen Terrorismus", vom „Götzendienst des Geldes". Seine Auffassung entfaltete er kurz nach seinem Amtsantritt am 16. Mai 2013: „Wir haben neue Götzen geschaffen. Die Anbetung des Goldenen Kalbes aus der Antike hat ein neues und herzloses Bild im Fetischismus des Geldes und in der Diktatur der Wirtschaft ohne menschliches Antlitz und ohne echte menschliche Zielsetzung gefunden … Während das Einkommen einer Minderheit exponentiell ansteigt, vermindert sich das Einkommen der Mehrheit. Dieses Ungleichgewicht entspringt Ideologien, die die absolute Autonomie der Märkte und der Finanzspekulation unterstützen und so den Staaten das Recht der Kontrolle verweigern, obwohl diese doch die Aufgabe haben, für das Gemeinwohl zu sorgen. Es wird eine neue unsichtbare, zuweilen virtuelle Tyrannei geschaffen, die einseitig und ohne mögliche Abhilfe ihre Gesetze und Regeln durchsetzt." Daraus folgt für ihn: „Es wäre wünschenswert, eine Finanzreform umzusetzen, die ethisch ist und die ihrerseits eine Wirtschaftsreform hervorbringt, die allen dient … Der Papst ruft zur uneigennützigen Solidarität und zu einer Rückkehr der Ethik zugunsten des Menschen in der Finanz- und Wirtschaftswelt auf."

*Kritik am zügellosen Kapitalismus*

Eine Woche später sagte Papst Franziskus beim Besuch der Vatikanischen Suppenküche, die von den Missionarinnen der Nächstenliebe geführt wird: „Ein zügelloser Kapitalismus hat die Logik des Profits um jeden Preis gelehrt, des Gebens, um eine Gegenleistung zu erhalten, der Ausbeutung ohne Rücksicht auf die Menschen …, und die Konsequenzen sehen wir in der Krise, die wir erleben."

Diese Aussage sei deswegen zitiert, weil der Papst hier den Begriff Kapitalismus gebraucht, im Gegensatz zu seinem Apostolischen Schreiben „Evangelii gaudium" (EG) – „Die Freude des Evangeliums", das am 24. November 2013 veröffentlicht wurde. In diesem Schreiben kommt der Begriff nicht explizit vor und so argumentieren einige, dass es ihm gar nicht um Kapitalismuskritik gehe. Das obige Zitat beweist das Gegenteil. Papst Franziskus beleuchtet die Zeichen der Zeit, in denen sich heute Evangelisierung vollzieht. Das Schreiben beinhaltet zwei Kapitel, die für das Thema Wirtschaft relevant sind. Das eine beschreibt die Krise des gemeinschaftlichen Engagements, das andere zieht Schlussfolgerungen für kirchliches Handeln. Die Überschriften, die sich im zweiten Kapitel, „Einige Herausforderungen in der Welt von heute", finden, zeigen bereits die Zielrichtung der päpstlichen Analyse. Der Papst spricht ein vierfaches Nein: *Nein zu einer Wirtschaft der Ausschließung – Nein zur Vergötterung des Geldes – Nein zu einem Geld, das regiert statt zu dienen – Nein zur sozialen Ungleichheit, die Gewalt hervorbringt* (EG 53–60). Im vierten Kapitel, „Die soziale Dimension der Evangelisierung", geht es dann um die gemeinschaftlichen und sozialen Auswirkungen der kirchlichen Botschaft, um die gesellschaftliche Eingliederung der Armen sowie um das Gemeinwohl und den Frieden. Der Papst spricht in seiner Analyse von täglicher Unsicherheit, von Respektlosigkeit und Gewalt, von sozialer Ungleichheit. Im zentralen Abschnitt heißt es:

„Ebenso wie das Gebot ‚du sollst nicht töten' eine deutliche Grenze setzt, um den Wert des menschlichen Lebens zu sichern, müssen wir heute ein ‚Nein zu einer Wirtschaft der Ausschließung und der Disparität der Einkommen' sagen. Diese Wirtschaft tötet. Es ist unglaublich, dass es kein Aufsehen erregt, wenn ein alter Mann, der gezwungen ist, auf der Straße zu leben, erfriert, während eine Baisse um zwei Punkte in der Börse Schlagzeilen macht. Das ist Ausschließung. Es ist nicht mehr zu tolerieren, dass Nahrungsmittel weggeworfen werden, während es Menschen gibt, die Hunger leiden. Das ist soziale Ungleichheit. Heute spielt sich alles nach den Kriterien der Konkurrenzfähigkeit und nach dem Gesetz des Stärkeren ab, wo der Mächtigere den Schwächeren zunichtemacht. Als Folge dieser Situation sehen sich große Massen der Bevölkerung ausgeschlossen und an den Rand gedrängt: ohne Arbeit, ohne Aussichten, ohne Ausweg. Der Mensch an sich wird wie ein Konsumgut betrachtet, das man gebrauchen und dann wegwerfen kann. Wir haben die ‚Wegwerfkultur' eingeführt, die sogar gefördert wird. Es geht nicht mehr einfach um das Phänomen der Ausbeutung und der Unterdrückung, sondern um etwas Neues: Mit der Ausschließung ist die Zugehörigkeit zu der Gesellschaft, in der man lebt, an ihrer Wurzel getroffen, denn durch sie befindet man sich nicht in der Unterschicht, am Rande oder gehört zu den Machtlosen, sondern man steht draußen. Die Ausgeschlossenen sind nicht ‚Ausgebeutete', sondern Müll, ‚Abfall'" (EG 53).

Die Frage des Wirtschaftens ist für den Papst eine Glaubensfrage. Eine Wirtschaft, die tötet, ist ein widergöttliches System. Papst Franziskus setzt das „Nein zu einer Wirtschaft der Ausschließung und der Disparität der Einkommen" auf die gleiche Ebene wie das Gebot des Tötungsverbots. Das Nein gegen ein solches System ist für Christen somit ein Gebot! Deutlicher kann man es nicht benennen und einfordern! Der Papst wendet sich dann gegen die so genannten Überlauf-Theorien *(trickle-down theories)* [„Pferdeäpfeltheorie"], die davon ausgehen, dass jedes vom freien Markt begünstigte Wirtschaftswachstum von sich aus eine größere Gleichheit und soziale Einbindung in der Welt hervorzurufen vermag (EG 54). Er spricht von einer „neuen unsichtbaren, manchmal virtuellen Tyrannei, die einseitig und unerbittlich ihre Gesetze aufzwingt" (EG 56). Die „Gier nach Macht und Besitz" kenne keine Grenzen und führe zu den bekannten Folgen: zunehmende Staatsverschuldung, Ungleichverteilung der Einkommen, Korruption, Steuerhinterziehung usw. Er spricht davon, dass das „gesellschaftliche und wirtschaftliche System an der Wurzel ungerecht" sei (EG 59). Solange diese Ungerechtigkeit nicht beseitigt wird, komme es zu Gewalt durch die Ausgegrenzten. Diese wiederum werde dann mit Waffengewalt bekämpft. Ein Kreislauf, der nur durch ein gerechteres Wirtschaftssystem gestoppt werden könne.

### *Anthropologische Krise*

Papst Franziskus sieht als tiefsten Grund der Krise unseres Wirtschafts- und Finanzsystems eine anthropologische Krise: die Leugnung des Vorrangs des Menschen. Nicht mehr der Mensch stehe im Mittelpunkt, sondern das Geld. „Im Zentrum jedes sozialen oder wirtschaftlichen Systems muss der Mensch stehen … Wenn die Person beiseitegeschoben wird und der Götze Geld ins Spiel kommt, dann werden die Werte über den Haufen geworfen" (Botschaft zum Weltfriedenstag, 1. 1. 2015). Religiös ist dies der „Tanz um das Goldene Kalb", weltlich gesprochen: der Tanz und der Hype um Aktienkurse und um alle Formen von Finanzprodukten. Der Mensch wird reduziert auf nur eines seiner Bedürfnisse: auf den Konsum. Papst Franziskus verweist auf die Enzyklika „Centesimus annus" von 1981. Papst Johannes Paul II. spricht in ihr von der „Verzückung angesichts der unermesslichen Möglichkeiten an Konsum und Zerstreuung, die diese Gesellschaft bietet. So entsteht eine Art von Entfremdung, die uns alle trifft, denn entfremdet wird eine Gesellschaft, die in ihren sozialen Organisationsformen, in Produktion und Konsum, die Verwirklichung dieser Hingabe und die Bildung dieser zwischenmenschlichen Solidarität erschwert" (196).

Papst Franziskus wünscht sich eine Gesellschaft, in der für alle ein Raum der Brüderlichkeit, der Gerechtigkeit, des Friedens und der Würde ist (EG 180). Jeder Christ habe die Pflicht, „Werkzeug Gottes für die Befreiung und die Förderung der Armen zu sein, so dass sie sich vollkommen in die Gesellschaft einfügen können" (EG 187). „Es erfordert, eine neue Mentalität zu schaffen, die in den Begriffen der Gemeinschaft und des Vorrangs des Lebens aller gegenüber der Aneignung der Güter durch einige wenige denkt" (EG 188). Im Sinne der sozialen Funktion des Eigentums soll den Armen das zurückgegeben werden, was ihnen zusteht (EG 189). Bei allem christlichen Engagement gebe es „ein Zeichen, das niemals fehlen darf: die Option für die Letzten, für die, welche die Gesellschaft aussondert und wegwirft" (EG 195).

Papst Franziskus kritisiert Fehlentwicklungen im System. Umstritten bleibt, wie weit er es grundsätzlich in Frage stellt. Er verurteilt zwar die derzeitige Wirtschaftsform als im wahrsten Sinne des Wortes „tödlich", aber er zeigt keine konkrete Alternative auf. Zumindest nicht als Gesamtsystem. Begründet wird dies damit, dass „weder der Papst noch die Kirche das Monopol für die Interpretation der sozialen Wirklichkeit oder für einen Vorschlag zur Lösung der gegenwärtigen Probleme" (EG 184) besitzen. Unklar bleibt somit, wie die Gesellschaftsordnung konkret aussehen soll, die den genannten Kriterien und dem Hauptwunsch des Papstes, die Armen in die Gesellschaft einzugliedern, entspricht. Dennoch sagt er klar: „Wir dürfen nicht mehr auf die blinden Kräfte und die unsichtbare Hand des Marktes vertrauen. Das Wachstum in Gerechtigkeit erfordert etwas, das mehr ist als Wirtschaftswachstum, auch wenn es dieses voraussetzt; es verlangt Entscheidungen, Programme, Mechanismen und Prozesse, die ganz spezifisch ausgerichtet sind auf eine bessere Verteilung der Einkünfte, auf die Schaffung von Arbeitsmöglichkeiten und auf eine ganzheitliche Förderung der Armen, die mehr ist als das bloße Sozialhilfesystem" (EG 204). Der Papst lehnt Wirtschaftswachstum also nicht prinzipiell ab. Er fasst seine Forderung in den Appell: „Das Geld muss dienen und nicht regieren!" (EG 58). Er zitiert den Kirchenvater Johannes Chrysostomos, der die Auffassung vertritt: „Die eigenen Güter nicht mit den Armen zu teilen bedeutet, diese zu bestehlen und ihnen das Leben zu entziehen. Die Güter, die wir besitzen, gehören nicht uns, sondern ihnen." Eine spannende These, die es zu diskutieren lohnt. Sie berührt die Frage der Legitimität von Privateigentum generell. Dabei sei zumindest angemerkt: Der hl. Franziskus würde diese Position teilen, dass alles den Armen gehört und ihnen zusteht. Papst Franziskus lehnt das Privateigentum nicht ab, er verweist darauf, dass es dem Gemeinwohl zu dienen habe. Ebenso wenig das Unternehmertum: „Die Tätigkeit des Unternehmers ist eine edle Arbeit, vorausgesetzt, dass er sich einer umfassenderen Bedeutung des Lebens hinterfragen lässt; das ermöglicht ihm, mit seinem Bemühen, die Güter dieser Welt zu mehren und für alle zugänglicher zu machen, wirklich dem Gemeinwohl zu dienen" (EG 203). Er zitiert Papst Paul VI. aus seiner Enzyklika „Populorum progressio" von 1967: „Die am meisten Begünstigten müssen auf einige ihrer Rechte verzichten, um mit größerer Freigebigkeit ihre Güter in den Dienst der anderen zu stellen." Angesichts der Radikalität seiner Analyse stellt sich die Frage, ob dies nicht eine zu minimalistische Forderung ist.

## Stellungnahmen christlicher Kirchen

Auffällig ist, dass die Art und Weise des kapitalistischen Wirtschaftens genau in den Ländern entstanden ist, die mehrheitlich christlich geprägt waren, also in Europa und später dann in Amerika. Daraus könnte geschlussfolgert werden, dass das Christentum besonders kapitalismusfreundlich ist.

Der *Lutherische Weltbund* beschloss auf der 10. Vollversammlung in Winnipeg (Kanada) 2003 die Erklärung „Die Wirtschaftliche Globalisierung verwandeln"[9]. In dieser Erklärung heißt es: „Als Communio müssen wir der falschen Ideologie der neoliberalen wirtschaftlichen Globalisierung so begegnen, dass wir dieser Realität und ihren Auswirkungen Widerstand entgegensetzen, sie grundlegend umwandeln und verändern. Diese falsche Ideologie gründet auf der Annahme, dass der auf Privateigentum, ungezügeltem Wettbewerb und der unabänderlichen Geltung von Verträgen aufgebaute Markt das absolute Gesetz ist, das das menschliche Leben, die Gesellschaft und die Umwelt beherrscht. Hier handelt es sich um Götzendienst. Er führt dazu, dass die, die kein Eigentum besitzen, systematisch ausgeschlossen werden, die kulturelle Vielfalt zerstört wird, instabile Demokratien demontiert werden und die Erde verwüstet wird ... Negative Auswirkungen der wirtschaftlichen Globalisierung finden sich in allen Teilen unserer Gemeinschaft, aber doch besonders im Süden sowie in Mittel- und Osteuropa ... Wir betonen zudem gemeinsam mit Martin Luther, dass wirtschaftliche Praktiken, die dem Wohlergehen des/der Nächsten (und insbesondere der Schwächsten) zuwiderlaufen, verworfen und durch Alternativen ersetzt werden müssen. Luther erinnert die Geistlichen auch daran, dass sie verpflichtet sind, verborgenes Unrecht einer wirtschaftlichen Praxis, die die Schwachen ausbeutet, aufzudecken."

Ein Jahr darauf verabschiedete der *Reformierte Weltbund* auf seiner 23. Generalversammlung in Accra (Ghana) 2004 das „Accra-Bekenntnis", in dem festgehalten ist:

„Darum sagen wir Nein zur gegenwärtigen Weltwirtschaftsordnung, wie sie uns vom globalen neoliberalen Kapitalismus aufgezwungen wird. Nein aber auch zu allen anderen Wirtschaftssystemen – einschließlich der Modelle absoluter Planwirtschaft –, die Gottes Bund verachten, indem sie die Notleidenden, die Schwächeren und die

Schöpfung in ihrer Ganzheit der Fülle des Lebens berauben. Wir weisen jeden Anspruch auf ein wirtschaftliches, politisches und militärisches Imperium zurück, das Gottes Herrschaft über das Leben umzustürzen versucht und dessen Handeln in Widerspruch zu Gottes gerechter Herrschaft steht …

Darum sagen wir Nein zur Kultur des ungebändigten Konsumverhaltens, der konkurrierenden Gewinnsucht und der Selbstsucht des neoliberalen globalen Marktsystems oder jedes anderen Systems, das von sich behauptet, es gäbe keine Alternative.

Wir glauben, dass die Wirtschaft dazu da ist, um der Würde und dem Wohl der Menschen in Gemeinschaft im Rahmen der Nachhaltigkeit der Schöpfung zu dienen. Wir glauben, dass wir Menschen berufen sind, uns für Gott und gegen den Mammon zu entscheiden …

Darum sagen wir Nein zur unkontrollierten Anhäufung von Reichtum und zum grenzenlosen Wachstum, die schon jetzt das Leben von Millionen Menschen gefordert und viel von Gottes Schöpfung zerstört haben …

Darum sagen wir Nein zu jeder Ideologie und jedem wirtschaftlichen Regime, das den Profit über die Menschen stellt, das nicht um die ganze Schöpfung besorgt ist und jene Gaben Gottes, die für alle bestimmt sind, zum Privateigentum erklärt" (Nr. 19.21–23.25).

Der weltweite *Ökumenische Rat der Kirchen* (ÖRK) hat in einem Dokument von 2012 den Glauben, dass der globale Markt die Welt durch unbegrenztes Wachstum retten wird, als „Ideologie des Marktes" und „Mythos" bezeichnet, der für das wirtschaftliche und für das spirituelle Leben der Menschen sowie für die ganze Schöpfung eine Bedrohung darstellt. In der Missions-Erklärung des ÖRK-Zentralausschusses, verabschiedet auf Kreta am 5. September 2012, fragt sich der ÖRK: „Wie können wir den Geist des Marktes besiegen?“

Eine solch klare Aussage findet sich im *Sozialwort der katholischen und evangelischen Kirche in Deutschland* vom Februar 2014 nicht.[10] Darin wird das Modell einer sozialen und ökologischen Marktwirtschaft als die beste Möglichkeit propagiert, die sozialen und ökologischen Probleme zu bewältigen. Diese Form der Marktwirtschaft ermögliche einen fairen Ausgleich zwischen legitimen Freiheitsansprüchen der Einzelnen, der notwendigen sozialen Gerechtigkeit und der nachhaltigen Berücksichtigung ökologischer Erfordernisse. Die Kirchen lehnen eine zentralistische Planwirtschaft ebenso ab wie eine völlig unregulierte neoliberale Wirtschaft. Der Neoliberalismus und insbesondere die Finanzkrise von 2007/2008 hätten gezeigt, welches Gefahrenpotential sich ergibt, wenn alles dem freien Spiel der Kräfte und des Marktes überlassen wird. Die Banken seien unverantwortliche Risiken eingegangen, die „die Weltwirtschaft an den Rand des Abgrunds führten“. Die Kirchen betonen den Primat der Politik über die Wirtschaft und eine konsequent ausgerichtete Gestaltung der Rahmenbedingungen für die Wirtschaft im Sinne der Gemeinwohlorientierung. Das Geld habe eine dienende Funktion wahrzunehmen und das Kapital sei an die Realwirtschaft zu koppeln.

Meine Kritik und Anfrage bezieht sich auf das Festhalten am Wachstumsmodell. Zitat: „Unser gegenwärtiges Wohlstandsmodell ist aufgrund der Begrenztheit der vorhandenen natürlichen Ressourcen und der Grenzen der Belastbarkeit des Planeten nicht weltweit verallgemeinerbar und damit in gewisser Weise fragwürdig.“ Was heißt hier „in gewisser Weise"? Es ist nicht nur „fragwürdig", es ist schlichtweg nicht zukunftsfähig! Wie soll das Ziel einer Reduktion des $CO_2$-Ausstoßes in Deutschland von 11,5 t auf 2,5 t pro Person und Jahr anders erreicht werden als durch eine drastische Reduzierung unseres Konsums und durch eine völlig andere Art des Wirtschaftens? Das Sozialwort setzt auf „Entwicklungspfade, die das Wirtschaftswachstum von weiteren Steigerungen des Ressourcen- und Umweltverbrauchs abkoppeln und die Gefahren des Klimawandels eindämmen" (35). Zum einen ist diese Abkoppelung Illusion, zum anderen geht es nicht um das Vermeiden weiterer Steigerungen, sondern um eine massive Verringerung des Ressourcenverbrauchs! Die notwendigen Veränderungen und Konsequenzen für jeden Einzelnen und für unsere Gesellschaft als Ganzes verschweigt das Sozialwort. In diesem Punkt stellt es eine Verharmlosung dar und eine verpasste Chance, die Frage nach den christlichen Werten neu zu stellen. Was macht tatsächlich ein „gutes Leben" aus? Die Rede von „qualitativen Wohlstandssteigerungen" (36) und einer Steigerung des „Beziehungswohlstands" (22) geht zwar in diese Richtung, zeigt aber viel zu wenig Alternativen auf. Andere derzeit diskutierte Modelle wie eine solidarische Ökonomie oder eine gemeinwohlorientierte Ökonomie werden nicht in Erwägung gezogen, geschweige denn benannt.

„Wie können wir den Geist des Marktes besiegen?", fragt der Ökumenische Rat der Kirchen. Papst Franziskus antwortet darauf: „Die erste Reform muss die der Einstellung sein. Die organisatorischen und strukturellen Reformen sind sekundär, sie kommen danach." Und: „die Solidarität [muss] als die Entscheidung gelebt werden, dem

Armen das zurückzugeben, was ihm zusteht. Wenn diese Einsichten und eine solidarische Gewohnheit uns in Fleisch und Blut übergehen, öffnen sie den Weg für weitere strukturelle Umwandlungen und machen sie möglich“ (EG 189).

# 4. Solidarische Ökonomie

## Spiritualität einer solidarischen Ökonomie

Was bewegt Sie, wenn Sie lesen, dass die reichsten 85 Menschen dieser Erde mehr besitzen als die arme Hälfte der Menschheit? Was bedeutet es, dass rund 150 transnationale Konzerne mit ihren Aktienpaketen, Krediten und Fremdfirmenanteilen 40 % der Weltwirtschaft beherrschen? Was bedeutet es für die (deutsche) Gesellschaft, wenn 1 % der Bevölkerung ein Drittel des Vermögens besitzt und die unteren 90 % ebenfalls nur ein Drittel? Bei verschiedenen Umfragen hat sich der Faktor zehn als bedeutsam herausgestellt: Die Einkommensunterschiede zwischen Mindest- und Höchsteinkommen sollten dem Empfinden der Bundesbürger nach nicht mehr als das Zehnfache betragen. Läge ein Mindesteinkommen bei 1500 Euro, dann dürfte das Höchsteinkommen 15 000 Euro monatlich betragen.

### *Gier als Sünde oder Tugend*

Eigentum und Reichtum wurden in der Theologiegeschichte unterschiedlich bewertet. In Anlehnung an die biblische Erkenntnis „Wurzel aller Sünde ist die Habgier" (1 Tim 6,10) wurde diese als abzulehnendes Laster gesehen. „Darum tötet, was irdisch an euch ist: … die Habsucht, die ein Götzendienst ist" (Kol 3,5). Während die Gier über Jahrhunderte als moralisch verwerflich, ja gar als

Todsünde galt, erklärten Jeremy Bentham und Adam Smith die Gier und den Egoismus zur Tugend und zum eigentlichen Motor des Wirtschaftens. Wirtschaftlicher Erfolg und privater Reichtum wurden als Belohnung Gottes angesehen. Bei Benjamin Franklin wurde das Ziel, durch eigene Arbeit Reichtum zu erlangen, von der bloßen Überlebenstechnik zur moralischen Pflicht. Laut Max Weber wird der Beruf zur „Berufung", Geld zu erwerben. Dabei spielt seiner Überzeugung nach die Askese eine wichtige Rolle als spirituelle Verwirklichung eines ethisch-religiösen Verhaltens, das besonders durch die calvinistische Auffassung gefördert wurde. Weber vertritt die These, dass diese Auffassung bei der Ausformung des „Geistes des Kapitalismus" eine wichtige Rolle gespielt habe. Der Kapitalismus entstamme einem religiösen Verhalten, habe sich mittlerweile aber säkularisiert und somit die Rolle einer (heidnischen) Religion angenommen. Heute wird die Gier wieder in altchristlicher Tradition als Wurzelsünde gesehen und benannt: „Wo ... bedenkliche Haltungen wie Gier und Maßlosigkeit propagiert und praktiziert werden, zersetzt sich der gesellschaftliche Zusammenhalt", so das Sozialwort der Kirchen.

### *Kategorie Solidarität*

Die Gegenkategorie zur Gier ist die Solidarität. Sie ist Ausdruck der wechselseitigen Abhängigkeit und des Eingebundenseins in eine weltweite Vernetzung. Theologisch ist sie umgesetzte Nächstenliebe, anthropologisch und soziologisch ausgedrückt ist sie gelebte Mitmenschlichkeit und Fairness. Solidarität im Sinne der gerechten Teilhabe setzt die Kriterien der Umwelt-, Sozial- und Kulturverträglichkeit um. Eine „Umfairteilung“ führt zu weniger Ressourcenverbrauch, Konsum und Wachstum und somit zu mehr Gerechtigkeit, Gleichheit und Glück.

### *Kultur des Lebens*

Bereits im Vorwort wurde das Anliegen dieses Buches deutlich gemacht, das zugleich die große Herausforderung in Bezug auf Veränderungsprozesse darstellt: Es geht um einen Bewusstseinswandel in unserem Fühlen, Denken und Handeln, der sich an der biblischen Botschaft orientiert. Es geht um die Ausrichtung unserer Spiritualität, um die „politische Ökonomie des hl. Geistes“ (Julio de Santa Ana). Es geht um eine Kultur des Lebens, die gerechte Lebensbedingungen für alle schafft und die natürlichen Lebensgrundlagen der Schöpfung bewahrt. In einer Welt, in der alle Bereiche des Lebens durchökonomisiert und vom Geist des Wachstums, des Konsums, des Profits durchdrungen sind, in dem alles als Ware verstanden und als käuflich und ausbeutbar aufgefasst wird, gilt es, nach dem Beispiel des hl. Franziskus die menschlichen, tierischen, pflanzlichen, mineralischen und kosmischen Ressourcen wieder als Gabe aufzufassen, als Mitwelt, in der wir Menschen als Teil des Ganzen in geschwisterlicher Weise mit allem verbunden sind. Die Folgen des mechanistischen Welt- und Menschenbildes sind in eine ganzheitliche (holistische) Sicht und Wahrnehmung der Schöpfung zu korrigieren. Dies allein schon aus humanen Gründen. Studien zeigen, dass die Menschen umso kränker, einsamer und unglücklicher werden, je größer die materielle Ungleichheit ist. Es wächst die Angst vor Statusverlust. Das gegenseitige Misstrauen steigt. Die Kriminalität nimmt zu. Ebenso der psychische Druck mit der Folge psychischer Erkrankungen. Menschen auf einem ähnlichen Level leben dagegen deutlich entspannter. Wo Vertrauen zueinander herrscht, leben die Menschen länger und gesünder.

*Beitrag der Religionen*

Eine spirituelle Komponente ergibt sich aus der Existenz der verschiedenen Religionen und Kulturen. Die kritische Einstellung gegenüber den kapitalistischen Grundzügen findet sich nicht nur im Christentum, sondern ebenso im Judentum, im Islam und in den asiatischen Religionen. Die kapitalistische Denk- und Handlungsweise schafft eine globale Monokultur. Wenngleich Milliarden von Menschen nach einem angemessenen Lebensstandard streben und dabei „westlichen" Lebensmustern nacheifern, gibt es auch ablehnende Haltungen gegenüber bestimmten Stilen, die als „Verwestlichung" angesehen werden. Eine neue Form der Wirtschaft kann nur interkulturell in einem Prozess aufgebaut werden, in dem sich die Kulturen in einem lebendigen Austausch gegenseitig bereichern.

Sofern der Kapitalismus tatsächlich eine Religion geworden ist (oder zumindest religionsähnliche Züge trägt), reicht es nicht, eine andere Religion dagegenzustellen. Es geht um den Menschen selbst, um sein Selbstbild und Selbstverständnis. Als „homo religiosus" setzt er sein Vertrauen und seinen Glauben auf die (vermeintliche) Sicherheit einer weltlichen Religion, die ihm im Hier und Jetzt ein gutes Leben verspricht. Dieser „Götzendienst" entspricht der Schwäche des Menschen. Solange sich der Mensch als „Profiteur" dieses Systems fühlt, wird er keinerlei Veranlassung spüren, es zu verändern. Die „Verlierer“ werden so lange kaum aufbegehren, wie sich keine realistische Alternative abzeichnet. Eine Veränderung dürfte eher von denen ausgehen, denen die Mittel zur Verfügung stehen, alternative Systeme zumindest im Kleinen einzuführen und auszuprobieren. Aufgabe der Religionen ist es zum einen, auf den Unterschied von Gott(esdienst) und Götze(ndienst) hinzuweisen, und zum anderen, diejenigen, die das „Vermögen“ (im finanziellen und im intellektuellen Sinn) dazu haben, Veränderungen herbeizuführen, zu konkreten Schritten zu ermutigen. Konsequenterweise probieren die kirchlichen Gemeinschaften selbst Modelle aus und sammeln so Erfahrungen mit alternativen Wirtschaftsformen. Es braucht Pioniere postwachstumstauglicher Daseinsformen, die authentisch einfachere Lebensstile ausprobieren.

## Bausteine zu einer postkapitalistischen Wirtschaft

Wie kann eine Wirtschaft aussehen, in der Arbeit, Geld und Konsum dem Leben dienen und heilsame Prozesse unterstützen? Wie kann der Faktor Gerechtigkeit umgesetzt werden? Wie kann eine Wirtschaft gestaltet sein, in der Nachhaltigkeit zum Leitbild des Handelns wird?

Ökonomie und Ökologie leiten sich vom griechischen Wort für Haus *(oikos)* ab. Wie kann das Haus gestaltet werden, das ein Haus für alle ist?

## Das Fundament

Das Fundament besteht in den Werten, auf denen die Wirtschaftsform beruhen soll, und somit auf den inneren Haltungen und Einstellungen der Marktteilnehmer.

### *Änderung der Einstellung*

Der Wunsch eines jeden Menschen ist ein „gutes" Leben. Wie dieses konkret ausschaut, wird unterschiedlich sein. Zunehmend gerät im Sinne einer „Work-Life-Balance" ein „einfacheres" Leben in den Blick, das zwar die materiellen Grundbedürfnisse abdeckt, zugleich aber mehr Zufriedenheit schafft, als dies in den bisherigen Strukturen der Fall ist. Insbesondere im Bereich des Konsums sind persönliche Veränderungen möglich. Die Frage ist, ob sie erwünscht sind. Was bedeutet beispielsweise der Verzicht auf eine Flugreise nach Mallorca? Was bedeutet der Umstieg auf ein öffentliches Verkehrsmittel? Was bedeutet der Verzicht auf Fleisch? Verzicht muss dabei nicht als Einschränkung und Begrenzung erfahren werden. Verzicht kann zu mehr Freiheit, zu mehr Freizeit, zu mehr Entspannung, zu mehr Genuss, zu mehr Beziehungen und somit zu mehr Lebensqualität führen. Der Akzent richtet sich dabei weniger auf die materiellen Ressourcen, die für den Großteil der Menschen in Mitteleuropa gedeckt sind, sondern mehr auf die psychischen Ressourcen. Es geht um innere Haltungen und Einstellungen, um Tugenden, die sich in Achtsamkeit, Empathie, Sinnhaftigkeit und Solidarität äußern.

Die Wertefrage betrifft zunächst mich als Einzelne/-n und meine persönliche Einstellung. Ein kapitalistisches

Wirtschaftssystem suggeriert permanent einen Zustand des Mangels. Es setzt ein negatives Vorzeichen. Du bist im Minus. Es ist nie genug. Du musst mehr konsumieren! Das Lebensgefühl des Zu-kurz-Kommens und des Mangels führt jedoch zu Unzufriedenheit, zu Ungeduld und Aggressivität, zu Geiz und Gier. Übersteigertes Leistungsdenken fördert Egoismus und Konkurrenzverhalten. Lebensfülle wird dabei mit einer Aufhebung des Mangels durch Anhäufung von Kapital und Gütern verwechselt. Erfüllung und Zufriedenheit erreiche ich nicht durch Vollstopfen mit Konsum und akkumuliertem Geld, sondern durch Befreiung vom Überfluss. Es bedarf zunächst einer Änderung meiner inneren Einstellung. Aus dem Mangel in die Haltung des Genug. Diese neue Einstellung setzt ein positives Vorzeichen. Du bist im Plus. Es ist genug für alle da. Ich kann geben und teilen, ohne zu leiden. Ich kontrolliere meine Impulse, um Spontankonsum in Grenzen zu halten. Ich setze auf Gemeinschaftsfähigkeit statt auf Ellbogenmentalität und individuelle Komfortzonen. Die Sehnsucht nach einem Leben in Fülle wird mit einem „Weniger" besser gestillt als mit einem „Mehr". Das „Sein" zählt mehr als das „Haben".

### *Suffizienzstrategie*

Die Wertefrage betrifft neben dem Einzelnen und seiner persönlichen Einstellung die Ausrichtung der Gesellschaft als Ganzer. Suffizienz bezieht sich auf die Frage der Genügsamkeit. Welche materiellen und nichtmateriellen Güter braucht eine Gesellschaft für ihr Funktionieren? Was ist verzichtbar, um Ressourcen zu schonen? Welche Wirtschaftsprozesse haben keinen gesellschaftlichen Mehrwert?

Die Problematik liegt in den gesellschaftlichen Verständigungsprozessen, derer es bedarf, sowie, damit verbunden, den persönlichen Konsummustern und Lebensstilen. Die persönliche Freiheit ist nicht nur gesellschaftlich gesehen ein hohes Gut. Sie betrifft auch die individuelle Lebensgestaltung und macht es schwer, Menschen vorzuschreiben, wo Konsumgrenzen liegen sollen. Die Suffizienzstrategie stellt die Frage nach einem „guten" Leben, die nicht nur eine materielle, sondern zugleich eine philosophische, eine religiöse und eine soziale Frage ist. Lebensqualität bemisst sich nicht nur, aber eben auch an materiellem Wohlstand, insbesondere aus der Perspektive der wenig Begüterten. Zugleich kann ein Verzicht auf materielle Güter von den Besitzenden als befreiend und sinnstiftend erfahren werden. Die Balance von Quantität und Qualität gilt es zugunsten nachhaltiger Strategien sowohl gesellschaftlich wie persönlich auszutarieren.

### *Neues Verständnis der Arbeit*

Welche Bedeutung der Erwerbsarbeit in einer solidarischen Wirtschaft zukommt, wird heftig diskutiert. Heute sind Arbeit und Leben oft gefühlsmäßig getrennt. Die Arbeit wird als unangenehme Pflicht empfunden, die die angenehme Kür ermöglicht, das eigentliche Leben. Dabei ist die Arbeit wesentlicher Teil des Lebens. Ziel ist es also, Arbeitsbedingungen zu schaffen, in denen jeder die Dinge, die er für wichtig und richtig hält, gut machen kann. Die Arbeit ermöglicht, die eigenen Fähigkeiten einzubringen und etwas Sinnvolles zu leisten. In einer solidarischen Wirtschaft werden die Arbeitsplätze, die nichts produzieren, sondern soziale Dienstleistungen erbringen, stärker in den Blick kommen. Ebenso die nicht-erwerbliche Arbeit, die wesentlich zum Gemeinwohl beiträgt.

### *Umgang mit Zeit*

Ein wichtiges, heute oft vermisstes Gut ist ausreichend Zeit. Es mangelt an Zeit und Raum für Muße, für Stille, für Spiritualität, für tiefgehende Kommunikation, für Beziehungspflege. Andere Arbeits- und Wirtschaftsformen könnten mehr Zeit für die nicht-ökonomischen Dimensionen des Lebens schaffen sowie die Mitgestaltung des demokratischen Gemeinwesens. Zudem stünde in einer Postwachstumsökonomie Zeit zur Verfügung, durch Eigenanbau von Nahrungsmitteln, „Foodsharing", die Reparatur von Gegenständen sowie ihre gemeinsame Nutzung unabhängiger von Produktionsprozessen zu werden.

### *Abschied vom Wachstumsparadigma*

Eine solche Haltung liegt quer zu den Firmeninteressen von Umsatzsteigerung und Marktanteilen, von Gewinn und Rendite. Privater Konsum macht derzeit mehr als die Hälfte des Bruttoinlandsprodukts in Deutschland aus. Die Zielvorgabe lautet daher: den Konsum anheizen. In die Gegenrichtung zielen die Degrowth-Konferenzen, die bisher in Leipzig (2014), Montreal (2012), Barcelona (2010) und Paris (2008) stattfanden. Die Teilnehmenden beschäftigten sich mit der Struktur einer Wirtschaft, die unabhängig von Wirtschaftswachstum ein gutes Leben für alle ermöglicht. Wie können Produktion und Konsum, wie können Umweltverbrauch und Ungleichheit reduziert werden, wie kann eine gerechtere Verteilung der Ressourcen gelingen? Eine alternative Wirtschaftsordnung wird auch deshalb auf dem Abschied vom Wachstumsparadigma beruhen, weil es im Sinne der Nachhaltigkeit den eingangs skizzierten drei Gerechtigkeitsformen widerspricht. Das materialistische und utilitaristische Wirtschaftsmodell muss durch eines ersetzt werden, das auf anderen (Lebens-) Werten beruht und auf Qualität statt Quantität. Dies bedeutet zugleich, das derzeitige stark individualistisch und hedonistisch geprägte Wirtschaftsmodell in ein weitaus stärker gemeinschaftliches und sinnorientiertes Modell zu überführen.

## Die Säulen des Hauses

Die Statik des Hauses wird von mehreren Säulen bestimmt sein. Eine zentrale Säule ist das gesamte Finanz- und Geldsystem, eine weitere die der Gemeinwohlorientierung, eine dritte schließlich die der damit verbundenen Partizipation, des nachhaltigen Wirtschaftens und Konsumierens und der Entstehung neuer Sozialformen.

## Säule 1: Finanz- und Geldsystem

### *Reform des Finanzmarkts*

In den letzten Jahrzehnten hat eine Deregulierung und Liberalisierung des Finanzmarkts stattgefunden. Die klassische Aufgabe des Finanzmarkts bestand in der Bereitstellung von Kapital für wirtschaftliche Aktivitäten, in Risikotransformation sowie der Schaffung einer Finanzinfrastruktur. Der Finanzmarkt hat sich indessen von seiner realwirtschaftlichen Basis abgekoppelt. Rund 98 % der weltweiten Finanztransaktionen der Aktien-, Derivate- und Devisenmärkte haben mit realen Wirtschaftsaktivitäten nichts mehr zu tun, sondern dienen rein spekulativer Kapitalvermehrung. Dies ist auch daran erkennbar, dass immer neue und komplexere Finanzprodukte kreiert wurden. Obwohl die Finanzkrise gezeigt hat, dass eine Selbstregulierung der Finanzmärkte nicht funktioniert, wurde die geforderte Transparenz und Kontrolle nur in Teilen umgesetzt. Eine Finanztransaktionssteuer würde sich stabilisierend auf den Finanzmarkt auswirken und brächte den Staaten Einnahmen in Milliardenhöhe (bei 0,1 % Steuer allein in der EU rund 300 Mrd. Euro). Ebenso wie bei Waren sollte auch bei Finanzprodukten eine Sozial- und Umweltverträglichkeitsprüfung vorgeschrieben werden. Ein „Trennbankensystem" trennt den Kernbereich von Einlagen- und Kreditgeschäften sowie den Zahlungsverkehr der Geschäftsbanken vom „Investment-Banking" der Investmentbanken. Hedgefonds und Derivate bedürfen bis zu ihrer Abschaffung einer transparenten Kontrolle.

### *Ethische Geldanlagen*

Bisher beruht das Finanzsystem auf den beiden Säulen Zahlungsverkehr inklusive Einlagen- und Kreditgeschäft sowie Investment-Banking. Sofern Investment nicht prinzipiell abgelehnt wird, sind ethische Geldanlagen ein Aspekt einer nachhaltigen Finanzpolitik. Das Geld wird nur in Bereichen angelegt, die ökologische, soziale und kulturelle Anforderungen erfüllen. Die Kataloge mit den entsprechenden Negativ- bzw. Positivkriterien sehen unterschiedlich umfangreich aus. Ausschlusskriterien sind beispielsweise die Produktion von Rüstungsgütern, Arbeits- und Menschenrechtsverletzungen, Kinderarbeit, Tierversuche, Glücksspiel oder umweltschädigende Produktionsweisen. Positiv hingegen sind erneuerbare Energiegewinnung oder Sozialprojekte. Ethische Geldanlagen unterstützen somit Unternehmen, die eine nachhaltige Wirtschaftsweise voranbringen.

Die Thüringische Ordensprovinz der Franziskaner gehörte mit zu den Ersten, die das Bewusstsein für Ethisches Investment förderte. Sie unterstützte die Projektgruppe „Ethisch-ökologisches Rating“[11] an der Universität Frankfurt am Main. Diese entwickelte eine Kriteriologie, den Frankfurt-Hohenheimer-Leitfaden (1997), der in ein umfassendes Bewertungsverfahren einer Münchner Rating-Agentur einfloss: der oekom research AG. Diese arbeitet seit 1993 im Bereich nachhaltiges Investment. Zur Unterstützung wurde der Verein für ethisch orientierte Investoren CRIC (= Corporate Responsibility Interface Center) gegründet. Als konkrete Umsetzung initiierte die Missionszentrale der Franziskaner gemeinsam mit der Volks- und Raiffeisenbank Untertaunus die „Bank für Orden und Mission“. Die Missionszentrale der Franziskaner (MZF Bonn) hat darüber hinaus seit 2009 die „terrAssisi®-Fonds“ eingerichtet, die im Sinne der Umwelt-, Sozial- und Kulturverträglichkeit arbeiten. Diese Publikumsfonds beruhen auf dem „Best in Class-Prinzip“, nach dem innerhalb einer Kategorie (z.B. Land, Branche) stets die Anlageobjekte zu bevorzugen sind, die die Nachhaltigkeitskriterien am besten erfüllen.

Eine alternative Wirtschaftsordnung wird nach Auffassung derer, die das bisherige System radikal in Frage stellen, auf der Veränderung der Geld- und Eigentumsordnung beruhen. Geld ist in ihrer Sicht ein Gemeingut und muss daher öffentlich geschaffen und demokratisch reguliert werden. Das Recht zur Geldschöpfung liegt allein bei der demokratisch kontrollierten Zentralbank. Geld wird von seinen verschiedenen Funktionen auf *eine* Funktion beschränkt. Es wird auf seine eigentliche Funktion als Wertmaßstab, als Transaktionsmittel und als Wertspeicher zurückgeführt. Die problematische Funktion als Ware, die Geld akkumuliert, wird aufgehoben. Dazu wird der Zins abgeschafft, um das Geld zu „entgieren“ und zu „neutralisieren“, und durch eine Liquiditätsabgabe ersetzt. Alle rein spekulativen Finanzgeschäfte werden verboten.

Da es sich um den zentralen Punkt eines alternativen Wirtschaftssystems handelt, sei dies hier näher ausgeführt. Der bedeutende englische Ökonom John Maynard Keynes (1883–1946) schlug in seinem Entwurf von 1944 für den späteren Weltwirtschaftsfonds Negativzinsen auf Guthaben vor. Ziel war es, dass Gläubigerländer zu einem Ausgleich mit Schuldnerländern kommen sollten. Die USA zogen jedoch das System von Bretton Woods vor, das über die Verschuldung armer Länder zum Ausbeutungsinstrument wurde. Auch die Erlassjahrkampagne machte im Vorfeld der Jahrtausendwende immer wieder auf die Zusammenhänge aufmerksam und auf die Notwendigkeit eines radikalen Schuldenschnitts für die ärmsten Staaten. Eine grundlegende Lösung und eine Reform des Systems fehlen wegen der politischen Machtverhältnisse (u.a. in der Weltbank und im Internationalen Währungsfonds) bis heute. Keynes griff auf Ideen des oben erwähnten Sozialreformers Silvio Gesell zurück. Dieser veröffentlichte 1904 das Konzept einer „Natürlichen Wirtschaftsordnung". Er erkannte, dass Geld von seiner Funktion als Schatzmittel befreit werden muss. Geld ist nicht als Ware zu betrachten, sondern als Tauschmittel. Dazu ersetzte er den Zins durch eine Umlaufgebühr. Gesell hatte als Kaufmann in Argentinien die zyklischen Bewegungen der Wirtschaft beobachtet. Erst wenn die Zinsen entsprechend hoch waren, wurde Geld verliehen und die Wirtschaft florierte. Bei geringen Zinsen weigerten sich deren Besitzer, es auszuleihen. Es fehlte an Investitionen und somit an Arbeitsplätzen. Der Geldbesitzer ist im Vorteil, da er seine Ware Geld horten kann, bis für ihn die Situation günstig ist. Geld verursacht keine Lagerkosten. Genau dies wollte Gesell ändern. Geld sollte so vergänglich sein wie Waren. Seine Kassenhaltung sollte mit Kosten verknüpft sein. Für Geld ist eine Liquiditätsabgabe zu zahlen. Geld sollte im Mittel 5 % „Lagerkosten" jährlich verursachen, was dem durchschnittlichen Zinssatz im Laufe der Geschichte entsprach. Das Geld sollte „rosten", d. h. einer Benutzungsgebühr unterworfen sein. Konkret heißt das: „Statt denjenigen Zinsen zu zahlen, die mehr Geld haben, als sie benötigen, damit sie das Geld zurück in den Umlauf geben, sollten diese eine geringe Gebühr zahlen, wenn sie ihr Geld vom Umlauf zurückhalten. Diese Gebühr kommt nicht Einzelnen zugute, sondern den aktiv am Marktgeschehen Beteiligten, die miteinander Austausch betreiben und die Akzeptanz des Zahlungsmittels gewährleisten."[12] Wer Geld hortet, bekommt dafür keine „Belohnung", sondern zahlt im Gegenteil dafür eine Art „Parkgebühr". Gesell nannte dieses zinsfreie Geld „Freigeld“. Dass der Ansatz des Freigeldes durchaus funktioniert, zeigen die WÄRA-Tauschgesellschaft (1929–1931) und das so genannte „Wunder von Wörgl“ (1931–1933).[13]

### *Regionale Währungen*

Eine andere Alternative zum bestehenden Geldsystem sind regionale Währungen, die sich auch in Deutschland als privat organisierte Regionalwährungen etabliert haben. Im strengen Sinn handelt es sich nicht um Währungen, sondern um Gutscheinsysteme, denn Alternativwährungen sind in Deutschland unzulässig. Sie werden auch „Komplementärwährungen“ genannt, da sie die nationalen Währungen nicht ersetzen. Solange der Tauschcharakter gewahrt bleibt und nur Vereinsmitglieder mit dem Regionalgeld handeln, schreitet die Deutsche Bundesbank nicht ein. Regiogeld ergänzt den Euro um ein regionales Zahlungsmittel – meist in Form von Gutscheinen – und dient dem Gemeinwohl. Ziel des Regionalgeldes ist es, die Kaufkraft an die Regionen zu binden, die regionalen Unternehmen zu fördern und die regionalen Wirtschaftskreisläufe zu stimulieren. Das Regiogeld erweitert die unternehmerischen Handlungsmöglichkeiten um einen regionalen Markt und ist als Werkzeug zur Regionalentwicklung einsetzbar. Es hilft, regionale Produkte abzusetzen, neue Umsätze zu ermöglichen und Arbeitsplätze zu schaffen. Die Idee dabei ist, dass regionales Wirtschaften die Transportwege verkürzt und die Umwelt schont. Bei den Kunden wächst das Bewusstsein, was regional angebaut und hergestellt wird. Die Regiowährungen wie der „Chiemgauer“, die „Havelblüte“, der „Urstromtaler“ oder

der „Sterntaler“ greifen die Idee einer Liquiditätsgebühr auf, d. h., das Geld verliert automatisch kontinuierlich an Wert. Als Teil einer solidarischen Wirtschaft tragen Regio-Währungen zu einem veränderten Verständnis von Geld bei und beleben regionale Märkte.

## Säule 2: Gemeinwohlorientierung

### *Ökologisches Steuersystem*

Steuern sind Steuerungsinstrumente. Eine Liquiditätsabgabe sowie ein Bodennutzungsentgelt wären zwei Pfeiler eines Steuersystems, das die Inanspruchnahme von Gemeinschaftsgütern (Geld und Boden) zur Bemessungsgrundlage macht. Hinzu müssen Veränderungen kommen, die die Steuerbelastungen weg von der Arbeit hin zur Inanspruchnahme der Natur verlagern. In vielen Preisen sind die kurz- und langfristigen Belastungen für die Umwelt nicht enthalten. Die Folgekosten werden auf den Staat abgewälzt. Erhöhte Ökosteuern vermindern den Ressourcenverbrauch und reduzieren die Umweltzerstörung. Um unsoziale Effekte zu vermeiden, sind unterschiedliche Steuersätze für Güter der Grundversorgung und für Luxusgüter denkbar. Ebenso Steuerrückerstattungen für niedrige Einkommen und eine soziale Grundsicherung. Um die Kluft zwischen Arm und Reich nicht permanent zu vergrößern, schlagen kritische Ökonomen eine progressive Vermögenssteuer für große Vermögen vor. Dies gilt auch für die Erbschaftssteuer. Um eine Kapitalflucht ins Ausland, insbesondere in Steueroasen, zu verhindern, bedarf es internationaler Kooperationen.

Veränderungen einer neuen Wirtschaftsordnung betreffen neben der Regelung der Finanzen die Frage des Eigentums. Nach der biblischen Vorgabe Lev 25,23 gibt es nur geschenktes Gemeineigentum, das zur Nutzung verliehen wird. Im Sinne einer solidarischen Wirtschaft ist Eigentum nur dann legitim, wenn es gebrauchswert- und nutzungsorientiert ist. Mittlerweile wird erkannt, wie problematisch die Privatisierung, beispielsweise der Wasserversorgung, ist. Zumindest die Grundgüter sollten als Gemeingüter in öffentlicher, zumindest in kommunaler Hand bleiben. Zu diesen Commons (= Gemeingüter) zählen neben Grund und Boden, Wasser und Luft auch Saatgut und Software (Internet) sowie Wissen (Erziehung) und Kulturtechniken. Commons betreffen den Bildungssektor ebenso wie den Energie- und Gesundheitssektor. Ob etwas ein Common ist oder wird, hängt von der Art seiner Nutzung ab. Auch Geld ist in diesem Sinn ein Gemeingut. Vom Zugang zu Gemeingütern darf niemand ausgeschlossen werden. Sie müssen so gepflegt und bewahrt werden, dass es nicht zur Zerstörung ihrer Existenz kommt. Radikal weitergedacht bedeutet dies, dass es nicht mehr (Privat-)Eigentum, sondern nur noch Nutzungsrechte gibt. Die Frage ist aber, wie die Nutzungsrechte innerhalb einer Gemeinschaft verteilt werden. Dies betrifft auch persönliches „Nutzungseigentum". Zwischen „absolutem Privateigentum" und „absolutem Staatseigentum" sind die Eigentumsformen auszutarieren, die am besten dem Gemeinwohl dienen. Insbesondere die Grundgüter zu sichern und sie der Spekulation zu entziehen, sie gemeinsam zu nutzen, zu erhalten und zu pflegen ist Ausdruck solidarischen Wirtschaftens. Privateigentum wird somit nicht gänzlich abgeschafft. Es bleibt Raum für unterschiedliche Eigentumsformen: vom Privateigentum über die Allmende, eine genossenschaftliche Eigentumsform, bis hin zum Gemeineigentum, bei dem alle Produktionsmittel in staatlicher Hand sind. Was dies für die Kirchen und Ordensgemeinschaften heißt, bringt Ulrich Duchrow in der am weitesten gehenden Forderung so auf den Punkt: „Alle Glaubensgemeinschaften, wenn sie ihren Quellen treu und vor der Welt glaubwürdig sein wollen, müssen erstens prüfen, ob sie selbst Gemeingüter privatisiert haben und Wege suchen, dieses rückgängig zu machen. Zweitens müssen sie alle Geldgeschäfte aufgeben, die Geld aus Geld machen, und sich mit allen verbünden, die in solidarischer Gemeinwohl-Ökonomie Geld nur noch als Gemeingut behandeln."[14]

### *Gemeinwohlindex*

Bisher wird die Wirtschaftskraft eines Landes in Form des Bruttoinlandsprodukts (BIP) bzw. des Bruttosozialprodukts (BSP) gemessen. Es wurde vor rund 70 Jahren von dem Ökonomen Colin Clark (1905–1989) in den USA eingeführt. Sein Lehrer Simon Kuznets (1891–1985) hatte das Modell eines „genossenen Einkommens" (income enjoyed) favorisiert. Ihm ging es um die „Steigerung der Wohlfahrt im weiteren Sinn". Auch die „Vorstellung eines guten Lebens" sollte mit einfließen. Er konnte sich jedoch nicht durchsetzen. Heute wird ein solches Modell wieder diskutiert und teilweise bereits praktiziert. Bhutan hat das Bruttosozialglück zum Staatsziel erhoben, in Bolivien und Ecuador ist es das „buen vivir", das „gute Leben". Ein Gemeinwohlindex berücksichtigt neben den rein monetären auch ökologische, soziale und gemeinwohlorientierte Kennzahlen. Durch eine entsprechende Besteuerung werden diejenigen Unternehmen stärker gefördert, die dem Gemeinwohl dienen. „Wer zu Vollbeschäftigung, Gerechtigkeit, Integration und Umweltschutz aktiv beiträgt, zahlt weniger Steuern, Zölle und Zinsen auf Kredite", schlägt Christian Felber vor, der den Begriff der Gemeinwohl-Ökonomie[15] prägte.

### *Allgemeines Grundeinkommen*

Ein Vorschlag eines alternativen Einkommenssystems ist das allgemeine Grundeinkommen.[16] Nach diesem Konzept hat jeder Mensch ein Recht auf diese Art der Zuwendung, und das ohne den Zwang zur Arbeit und die Prüfung der Bedürftigkeit. Es soll vor Armut und Ausbeutung schützen. Wesentliche Faktoren zur Bewertung eines solchen Vorschlags liegen zum einen im Menschenbild, zum anderen in der Sicht der Arbeit. Je nach Perspektive werden die Gefahren – der Mensch sei egoistisch und nutze das Einkommen ohne Gegenleistung aus – oder die Chancen – der Mensch kann sich ohne Existenzangst freier entfalten – betont. Dies betrifft ebenso den Wert der Arbeit. Während die einen den hohen identitätsstiftenden Faktor hervorheben – der Mensch definiert sich wesentlich über seine Arbeit und gliedert sich mit ihr in die Gesellschaft ein –, verweisen die anderen darauf, dass heute rund zwei Drittel des gesamten Arbeitsvolumens unbezahlte Tätigkeiten sind (Kindererziehung, Pflege, Ehrenämter usw.). Die Arbeitsgesellschaft würde sich verändern in eine Tätigkeitsgesellschaft, in der Erwerbsarbeit, Familienarbeit und ehrenamtliche Arbeit denselben Stellenwert haben. Das bedingungslose Grundeinkommen soll über den Wegfall der gegenwärtigen Sozialleistungen und durch höhere Steuern auf größere Einkommen und Vermögen finanziert werden. Das allgemeine Grundeinkommen ist innerkirchlich umstritten. Es widerspricht nicht biblischen Befunden, ist als sozialethische Problemstellung aber nicht zwingend mit Zustimmung zu belegen. Die theologische Botschaft der bedingungslosen Liebe Gottes und seiner unbedingten Zuwendung zum Menschen auf diese Weise direkt gesellschaftspolitisch umzusetzen scheint vielen problematisch, da das größere Maß der Freiheit im Vergleich zum jetzigen Modell ein höheres Maß an Verantwortung für sich selbst und für andere, für die Gesellschaft, erfordert.

## Säule 3: Partizipation

### *Mitbestimmung aller Betroffenen*

Erst eine neue Sicht wird die „Große Transformation" ermöglichen, derer es bedarf, eine postkapitalistische Ökonomie aufzubauen, die nicht nur wenige zu Gewinnern macht, sondern die materiellen, sozialen, kulturellen und spirituellen Bedürfnisse aller in den Mittelpunkt rückt und zugleich durch einen nachhaltigen Lebensstil die Schöpfung bewahrt. Dies dürfte nur gelingen, wenn es eine wirkliche Mitbestimmung auch derer gibt, die am wenigsten von einem globalisierten Kapitalismus profitieren. Derzeit ist die Entscheidungsgewalt an den Markt abgegeben. Sie muss zurückkehren zum Volk als Souverän.

Dies gilt für einzelne Länder ebenso wie für die Europäische Union als Ganzes (bzw. weltweit). Es bedarf einer partizipativen Demokratie, die über ökonomische Belange entscheidet. Ökonomiefragen und darin eingeschlossen Ökologie- und Sozialaspekte sind immer Macht- und Herrschaftsfragen. Alles dem freien Spiel der Kräfte, dem freien und deregulierten Markt zu überlassen in der Hoffnung, dass sich dadurch die besten Lösungen für alle ergeben, ist – wie die Diskussionen um die Freihandelsabkommen TTIP und CETA zeigen – Illusion. Die derzeitige Wirtschaftsweise geht in weiten Teilen an den Bedürfnissen der Menschen vorbei, pervertiert sie gar, wenn Menschen produzieren, konsumieren und verschwenden müssen, um arbeiten zu dürfen. Soll die Wirtschaft den Menschen dienen, müssen diese auch mitbestimmen, in welcher Weise sie funktionieren soll. Ein Primat der Politik über Wirtschaft und Finanzen erfordert die Mitbestimmung der Betroffenen, beispielsweise über einen Wirtschaftskonvent, der eine Wirtschaftsverfassung ausarbeitet. Das Ziel könnte eine neue Unternehmensverfassung sein, durch die alle beteiligten Gruppen in die Unternehmensplanung einbezogen werden: angefangen von den Kapitalgebern über das Management und die Beschäftigten bis hin zur (kommunalen) Öffentlichkeit und zu den Konsumenten.

### *Neue Sozialformen – Autonomie und Subsistenz*

Veränderungen lassen sich einfacher in kommunitären (gemeinschaftlichen) Formen verwirklichen. Auch bisher gab es bereits Genossenschaften oder ähnliche Gemeinschaftsformen. Neue Sozialformen können eine Pionierfunktion übernehmen und Orte des Experimentierens werden. Dies betrifft insbesondere die Frage des Eigentums. In Anlehnung an den Gemeinschaftsbesitz der Ordensgemeinschaften sowie das biblische Beispiel der Urgemeinde können Formen praktiziert werden, die das solidarische Teilen der Güter in den Mittelpunkt stellen. Nicht benötigtes Eigentum kann anderen zur Bewirtschaftung zur Verfügung gestellt werden. Neue Sozialformen ermöglichen neue Produktionsweisen. Eine weitgehende Selbstversorgung ermöglicht Unabhängigkeit von bestehenden Herrschaftssystemen. Innerhalb von Gemeinschaften und in Kooperation mit anderen Gemeinschaften lassen sich möglichst viele Güter selbst herstellen.

*Effizienzstrategie*

Ein Lösungsansatz der so genannten Grünen Wirtschaft („green economy") besteht in dem Bestreben, Nachhaltigkeit durch eine verbesserte Effizienz zu erzielen. Der Einsatz der Ressourcen wird dabei so optimiert, dass ich mit geringerem Mittelverbrauch ein besseres Ergebnis erziele, beispielsweise ein Auto produziere mit weniger Spritverbrauch. In der Praxis führt dies häufig zum so genannten Rebound-Effekt. Die eingesparten Ressourcen und Effizienzgewinne werden zum einen durch die quantitative Steigerung der Güter aufgefressen, beispielsweise weltweit immer mehr Autos, zum anderen durch den steigenden persönlichen Konsum – was ich an der einen Stelle einspare, gebe ich an der anderen aus. Energiesparen ist deshalb nicht sinnlos, kann aber nicht die einzige Nachhaltigkeitsstrategie sein.

Auch wenn sich viele als hilflose Opfer des Systems sehen, so kann jede/-r Einzelne ihren/seinen Beitrag zu einer Veränderung leisten. Denn jede/-r Einzelne ist Akteur der Arbeit oder Nichtarbeit, der Kauf- oder Nichtkaufentscheidung, der Konsumgewohnheiten, des Umgangs mit dem Geld. Hier sind insbesondere die drei Stichworte *bio, regional* und *fair* zu nennen. Bio-Produkte schonen durch den Verzicht auf chemische Mittel die Umwelt. Dies gilt gleichermaßen für den Bezug von regionalen Produkten mit kurzen Transportwegen. Der Faire Handel garantiert den Erzeugern in den Ländern des Südens gerechte Preise.

## Das Dach

Das Fundament bildet die Begründung, die Grundierung, die Erdung. Aus dem Grund erwächst der Korpus des Hauses. Das Dach schafft den Kontakt zum Himmel. Als Dachlatten oder Dachziegel seien hier einige Aspekte wiedergegeben, die Harald Bender in seinen Überlegungen „Kapitalismus und dann?" so benennt:

- „Wo hier Konkurrenz herrscht, ist dort Solidarität.
- Wo hier ein ‚Mehr' steht, ist dort ein ‚Genug'.
- Wo hier Grenzüberschreitung Programm ist, ist es dort die Bewahrung und der Schutz von Grenzen.
- Der alles berechnenden Persönlichkeit steht die mitfühlende gegenüber.
- An die Stelle des egoistischen Marktakteurs tritt der solidarisch Handelnde. An die Stelle der Repräsentation tritt die Partizipation.

- Aus Funktionszwang wird die Freiheit der Entscheidung.
- Aus der Angst um die Existenz wird die Befreiung zur Gestaltung.
- Aus der Befriedigung eigener Interessen wird die Befriedigung gemeinsamer Bedürfnisse.
- Aus dem Ausschalten des Anderen wird das Aufnehmen des Nächsten.
- Aus der Externalisierung von Folgen wird die Übernahme von Verantwortung.
- Statt um Konsumgüter geht es um Lebensqualität.
- Statt um die Verfügung über andere Menschen geht es um die Verfügung über die eigene Zeit.
- An die Stelle von Allmachtsfantasien tritt die Anerkennung der eigenen Kleinheit und Endlichkeit.
- Statt um das Wachsen des Ego geht es um das Wachsen des Selbst."[17]

## Bauplan und Baugenehmigung

Franziskus bekam den Auftrag: „Franziskus, geh hin und stell mein Haus wieder her, das, wie du siehst, ganz verfallen ist!" (2 C 10,4, FQ 305; vgl. Gef 13,7, FQ 619). Dieser Auftrag, der von Franziskus zunächst wortwörtlich verstanden wurde, die zerfallene Kapelle San Damiano wieder aufzubauen, weitete sich zum Auftrag, die Kirche als Ganzes zu reformieren. Unter Papst Innozenz III. stand sie auf dem Höhepunkt ihrer Macht und ihre Führungsschicht schwelgte in Reichtum. Ähnliches lässt sich vom Kapitalismus sagen. Ob er derzeit auf dem Höhepunkt seiner Macht angekommen ist, wird sich erst im historischen

Rückblick erweisen. Dass er eine Kluft zwischen Reich und Arm erzeugt und zur Ausbeutung von Mensch und Natur führt, ist klar ersichtlich. Ob und wann er deswegen zusammenbricht, ist offen. Die „Zeichen der Zeit“ zu erkennen ist Auftrag jeder christlichen Gemeinschaft. Über einen neuen Bauplan mit anderen Voraussetzungen und gerechteren Strukturen nachzudenken ist Heraus-Forderung und Ver-Antwortung zugleich.

Das Spannende an diesem Bauplan ist, dass noch niemand weiß, wie der Bau einer neuen Wirtschaftsordnung am Ende aussieht. Auch erteilt niemand die offizielle Baugenehmigung. Doch einige spüren, dass die Zeit da ist, der Kairos, mit dem Bau zu beginnen. Nach der Devise „Trial and Error“, Versuch und Irrtum, sind erste Schritte auszuprobieren.

### *Handlungsblockaden*

Doch viele zögern. Warum tun wir nicht, was wir wissen? Warum handle ich nicht nach dem, was ich weiß? Die Antworten darauf sind vielfältig:

- Weil ich selbst vom derzeitigen Wirtschaftssystem profitiere (Egoismusmotiv)
- Weil das bisherige System angenehmer ist (Bequemlichkeitsmotiv)
- Weil ich mir selbst die/der Nächste bin. Was künftige Generationen auszubaden haben, interessiert mich wenig, die Folgen treffen mich nicht mehr (Zeitmotiv)
- Weil es so schlimm wie befürchtet schon nicht kommen wird (Verdrängungsmotiv)
- Weil das Ganze viel zu komplex für mich ist und ich das nicht durchschaue (Entschuldigungsmotiv)

– Weil ich als Einzelne/-r sowieso nichts machen kann (Ohnmachtsmotiv)
– Wenn ich mich gegen die anderen stelle, werde ich nicht mehr gemocht und ausgegrenzt (Angstmotiv)
– Weil ich keine Konflikte mit den Gewinnern in den eigenen Reihen eingehen will (Loyalitätsmotiv)

Alle diese Blockaden verleiten zu Lähmung, Lethargie, Traumatisierung, Depression, Isolation und Hoffnungslosigkeit. Es braucht Menschen, die als Vorbilder mutig handeln, und die gegenseitige Bestärkung. Es braucht positive Beispiele gelungener Veränderungsprozesse, das Aufzeigen konkreter Aufgaben und Möglichkeiten. Es braucht das globale Denken und lokale Handeln. Es braucht die Wahrnehmung der Konflikte, den Mut, sie auszutragen und in einen Interessensausgleich zu bringen. Es braucht eine spirituelle Fundierung und einen langen Atem. Das Erkennen, dass Gott Menschen beruft, die sich seinen Auftrag gar nicht zutrauen, Menschen mit Schwächen und Verwundungen …

### *Konkretionen und erste Schritte*

Wie können Schritte zum Bau eines solchen Hauses aussehen? Welche Bausteine kann ich persönlich und in Gemeinschaft mit anderen beitragen?

– Ich hinterfrage die Versprechungen des Kapitalismus und derer, die ihn vertreten, und überprüfe sie kritisch auf ihren Wahrheitsgehalt hin, wie z. B. die Behauptungen: Wachstum (und nur Wachstum) schafft Arbeitsplätze. Das Reicherwerden der Reichen sickert durch zu den Armen (Trickle-down-Theorie).

- Ich erschließe mir neu die biblischen Quellen, insbesondere zu den Fragen von Armut und Reichtum, von Gerechtigkeit und solidarischem Handeln.
- Ich reflektiere meinen eigenen Lebensstil und verändere ihn im Sinne des Dreischritts Sehen – Urteilen – Handeln.
- Ich ergründe meine Handlungsblockaden und versuche sie aufzulösen.
- Ich entwickle im Sinne des „global denken und lokal handeln" Alternativen im Nahbereich und baue von unten her eine postkapitalistische solidarische Wirtschaft auf.
- Ich fordere die eigene Kommune auf, eine Gemeinwohlökonomie (zumindest in Teilen) umzusetzen: dezentrale Energieversorgung, Regiogeld, lokale Märkte, keine Privatisierung von „Commons" usw.
- Ich reduziere meine bezahlte Arbeitszeit und nutze die frei werdende Zeit zur Eigenversorgung und für Gemeinwohltätigkeiten.
- Ich nutze die Konsumentenmacht durch den Boykott von Firmen.
- Ich kaufe bio, regional, saisonal und fair ein.
- Ich lege mein Geld nach ethischen Kriterien an.
- Ich gehe mit meiner Gemeinschaft Kooperationen und Bündnisse mit sozialen Bewegungen, NGOs und mit anderen Glaubensgemeinschaften ein.
- Ich beteilige mich an Unterschriftenaktionen über Netzwerke wie „Compact" und „Avaaz" sowie von Nichtregierungsorganisationen.
- Ich gebe den Traum von einer gerechteren Welt nicht auf!
- Ich …

Noch regiert der Götze Geld. Noch funktioniert der Tanz ums Goldene Kalb Wirtschaftswachstum. Noch berauscht der Fetisch Wohlstand. Noch benehmen wir uns wie Süchtige, die getrieben sind von ihrer Sucht nach immer mehr. Doch die Zahl der wunschlos unglücklichen Konsum-Junkies nimmt zu. Noch verhallen die Warn- und Mahnrufe der Propheten weitgehend ungehört. Doch an der einen oder anderen Stelle werden kleine, zarte Pflänzchen einer alternativen Wirtschaftsordnung sichtbar. Die Rückbesinnung auf Gemeingüter, die Einrichtung von Tauschbörsen und Reparaturwerkstätten, eine lokale Lebensmittelproduktion, Regionalwährungen usw. sind Früchte alternativer Modelle.

Dabei geht es nicht um eine generalisierte Kapitalverachtung oder eine moralische Überlegenheit, wie sie den Kritikern des Systems vorgehalten wird. Es geht um eine Kritik aus der Sicht eines Gottes, der sich in seiner Forderung nach Gerechtigkeit in Barmherzigkeit, Mitgefühl und Solidarität auf die Seite der Entrechteten, Ausgegrenzten und Armen stellt und uns Christen somit eine klare Option vorgibt.

Geld und Kapital sind eng mit dem Alltagsleben der Menschen verknüpft. Von daher sind sie kein „neutrales" Gut, sondern immer zugleich Ausdruck des eigenen Selbstverständnisses, von Beziehungen und sozialen Gestaltungen. „Geld nicht festzuhalten und wuchern zu lassen, sondern kaufend, leihend und schenkend weiterzugeben und mit dem Boden nicht zu spekulieren, sondern ihn zum Nutzen aller zu pflegen, gehört ebenso zu diesen zukunftsweisenden Verhaltensweisen wie der geschwisterliche Umgang mit Menschen, Tieren und Pflanzen. Damit solche Keime gedeihen können, bedarf es sowohl eines sich wandelnden Bewusstseins als auch veränderter gesellschaftlicher und wirtschaftlicher Rahmenbedingungen. An beidem müssen die Kirchen mitwirken. Nur wenn sie über Appelle hinaus die konkreten Ansatzpunkte notwendiger Veränderungen benennen, insbesondere auch die Geld- und Bodenordnung, und ihre eigene Verstrickung in den Kapitalismus überdenken, werden die Kirchen ihrer Zielsetzung Gerechtigkeit, Frieden und Bewahrung der Schöpfung gerecht werden"[18] (Roland Geitmann).

# Anmerkungen

1 Hirseland, Andreas, Der Talismann des Ich – Zur Soziologie und Psychologie des Geldes, in: zur debatte 5/2002, 19.

2 Vgl. Hemel, Ulrich, Die Wirtschaft ist für den Menschen da. Vom Sinn und der Seele des Kapitals, Ostfildern 2013, 168.

3 Duchrow, Ulrich, Gieriges Geld. Auswege aus der Kapitalismusfalle – Befreiungstheologische Perspektiven, München 2013, 31.

4 Luther, Martin, An die Pfarrherrn wider den Wucher zu predigen (1540), zitiert nach: Fabiunke, Günter, Martin Luther als Nationalökonom, Berlin 1963, 229.

5 Vgl. Piketty, Thomas, Das Kapital im 21. Jahrhundert, München 2014.

6 Duchrow, Ulrich, Gieriges Geld, 111 f.

7 Hemel, Ulrich, Wirtschaft, 154.

8 Röser, Johannes, Das Geld, die Gier, die Macht und das Nichts, in: Christ in der Gegenwart (2014), H. 12, 127.

9 Dokumentiert in: Kairos Europa (Hg.), Wirtschaft(en) im Dienst des Lebens. Von den Rändern her in Richtung globale Transformation! „Pilgerweg der Gerechtigkeit und des Friedens" – Hoffnung auf einen neuen kirchlichen Aufbruch für das Leben?, Heidelberg 2014.

10 Vgl. Deutsche Bischofskonferenz/Evangelische Kirche in Deutschland (Hg.), Gemeinsame Verantwortung für eine gerechte Gesellschaft. Initiative des Rates der Evangelischen Kirche in Deutschland und der Deutschen Bischofskonferenz für eine erneuerte Wirtschafts- und Sozialordnung, Gemeinsame Texte 22, Hannover/Bonn 2014.

11 Unter der Leitung von Prof. Dr. Johannes Hoffmann und Prof. Dr. Gerhard Scherhorn.

12 Kennedy, Margrit, Geld ohne Zinsen und Inflation, Steyerberg 1990, 28.

13 Im Rahmen der „Freiwirtschaftsbewegung" wurde 1929 in Erfurt die WÄRA-Tauschgesellschaft gegründet. Ihr gehörten nach zwei Jahren über eintausend Handels- und Handwerksbetriebe an. Anstelle des Geldes waren WÄRA-Scheine im Umlauf, die monatlich mit einer Marke von 1 % des Nennwertes beklebt wurden. Dieser Bruchteil wirkte wie eine „Strafgebühr" für Nichtnutzung. Im Jahr 1930 konnte im niederbayerischen Schwanenkirchen dank eines WÄRA-Kredits ein stillgelegtes Kohlekraftwerk seinen Betrieb

wieder aufnehmen, was zu einer Belebung der örtlichen Wirtschaft führte. Die Reichsbank verbot daraufhin mit der Brüning'schen Verordnung die Herstellung, Ausgabe und Benutzung jeglichen Notgeldes. Ein ähnliches Schicksal ereilte das „Wunder von Wörgl", das in der österreichischen Stadt Wörgl in Tirol in den Jahren 1932 und 1933 praktiziert wurde. Der Stadtrat der 4200-Einwohner-Gemeinde gab 5000 „freie" Schillinge heraus, deren Benutzungsgebühr 1 % pro Monat betrug. Sie war von dem zu entrichten, der die Banknote am Ende besaß, was dazu führte, dass sie möglichst schnell wieder ausgegeben wurde. Innerhalb eines Jahres liefen die freien Schillinge 463-mal um, während dies bei den gewöhnlichen Schillingen nur 213-mal der Fall war. Die Arbeitslosigkeit konnte damit in Zeiten der Wirtschaftskrise um 25 % gesenkt werden. Weitere Experimente wurden durch die Österreichische Nationalbank unterbunden, die ihr Monopol gefährdet sah, als sich über 300 Gemeinden dem Modell anschließen wollten.

14 Duchrow, Ulrich, Gieriges Geld, 260.

15 Vgl. Felber, Christian, Die Gemeinwohl-Ökonomie. Das Wirtschaftsmodell der Zukunft, Wien 2010.

16 Nähere Informationen unter: www.grundeinkommen.de

17 Bender, Harald (Hg.), Kapitalismus und dann? Systemwechsel und Perspektiven gesellschaftlicher Transformation, München 2012, 213 f., zitiert in Duchrow, Gieriges Geld, 232.

18 Geitmann, Roland, Bibel, Kirchen und Zinswirtschaft, in: Zeitschrift für Sozialökonomie 80 (1989), 17–24.

## Zum Weiterlesen


- Akademie solidarische Ökonomie (Hg.), Kapitalismus und dann? Systemwechsel und Perspektiven gesellschaftlicher Transformation, München 2012
- Akademie solidarische Ökonomie (Hg.), Das dienende Geld. Die Befreiung der Wirtschaft vom Wachstumszwang, München 2013
- Duchrow, Ulrich, Gieriges Geld. Auswege aus der Kapitalismusfalle. Befreiungstheologische Perspektiven, München 2013
- Groll, Franz, Der Weg zur zukunftsfähigen Gesellschaft. Die solidarische Wirtschafts- und Gesellschaftsordnung als Alternative zum Kapitalismus, Hamburg 2013
- Hemel, Ulrich, Die Wirtschaft ist für den Menschen da. Vom Sinn und der Seele des Kapitals, Ostfildern 2013
- Felber, Christian, Die Gemeinwohl-Ökonomie. Die demokratische Alternative wächst, Wien 2012
- Ders., Die Gemeinwohl-Ökonomie. Das Wirtschaftsmodell der Zukunft. Wien 2010
- Kessler, Wolfgang, Zukunft statt Zocken. Gelebte Alternativen zu einer entfesselten Wirtschaft, Oberursel 2013
- Paech, Niko, Befreiung vom Überfluss. Auf dem Weg in die Postwachstumsökonomie, München 2012

## Internetadressen

- Akademie Solidarische Ökonomie: www.akademie-solidarische-oekonomie.de
- Forum Solidarische Ökonomie: www.solidarische-oekonomie.de
- Gemeinwohl-Ökonomie: www.gemeinwohl-oekonomie.org
- Ökumenischer Prozess für eine zukunftsfähige, soziale und klimagerechte Welt: www.umkehr-zum-leben.de

# Abkürzungsverzeichnis

Die Franziskus-Quellen (FQ) sind zitiert nach:
Berg, Dieter / Lehmann, Leonhard (Hg.), Franziskusquellen. Die Schriften des heiligen Franziskus, Lebensbeschreibungen, Chroniken und Zeugnisse über ihn und seinen Orden, Kevelaer 2009.

Dabei gelten folgende Abkürzungen:

1 C: Thomas von Celano, 1. Lebensbeschreibung (Vita) des hl. Franziskus
2 C: Thomas von Celano, 2. Vita oder Memoriale
BR: Bullierte Regel des hl. Franziskus
Erm: Ermahnungen des heiligen Franziskus
Fior: Fioretti / Blümlein des heiligen Franziskus
Gef: Dreigefährtenlegende
NbR: Nicht bullierte Regel des heiligen Franziskus
Test: Testament des heiligen Franziskus

Die Bibeltexte sind entnommen der Einheitsübersetzung der Heiligen Schrift © 1980 Katholische Bibelanstalt, Stuttgart

## In der Reihe „Franziskanische Akzente" sind bisher erschienen:

Bd. 1: Mirjam Schambeck, Nach Gott fragen zwischen Dunkel und Licht

Bd. 2: Helmut Schlegel, Die heilende Kraft menschlicher Spannungen

Bd. 3: Katharina Kluitmann, Wachsen – über mich hinaus

Bd. 4: Cornelius Bohl, Auf den Geschmack des Lebens kommen

Bd. 5: Martina Kreidler-Kos, Lebensmutig. Klara von Assisi und ihre Gefährtinnen

Bd. 6: Nikolaus Kuster, Franz von Assisi – Freiheit und Geschwisterlichkeit in der Kirche

Bd. 7: Herman Schalück, Prophetisch glauben. Aufbrüche in franziskanischer Spiritualität

Bd. 8: Stefan Federbusch, Nachhaltig wirtschaften – gerecht teilen